GUIA SUNO
SMALL CAPS

CB002213

TIAGO REIS & RODRIGO WAINBERG

GUIA SUNO
SMALL CAPS

Investindo em empresas com os
maiores potenciais da Bolsa

São Paulo | 2020

SUMÁRIO

A MISSÃO DA SUNO RESEARCH

A cada geração, uma parte da humanidade se compromete a deixar o mundo um lugar melhor do que encontrou. Esse contingente populacional acredita que, para tanto, é preciso investir em inovações.

Foram as inovações promovidas pela humanidade, ora confundidas com descobertas, ora confundidas com invenções, que nos tiraram da Idade da Pedra e nos colocaram no olho do furacão da Era Digital.

Nos últimos séculos, quase todas as inovações científicas e tecnológicas foram difundidas pelas instituições empresariais, sejam elas privadas ou públicas, sejam elas visando lucros ou não.

Uma parcela significativa das empresas que promoveram inovações recorreu ao mercado de capitais para obter financiamentos para os seus projetos. Essa premissa continua válida.

Os países onde os mercados de capitais são mais desenvolvidos concentram também as empresas mais inovadoras do planeta. Nos Estados Unidos, milhões de pessoas investem suas economias nas Bolsas de Valores.

Grande parte dos norte-americanos obtém a independência financeira, ou o planejamento da aposentadoria, associando-se com grandes empresas que movimentam a economia global.

São bombeiros, advogados, professoras, dentistas, zeladores, ou seja, profissionais dos mais diversos tipos que se convertem em investidores, atraindo empreendedores de várias origens, que encontram dificuldades de empreender em sua terra natal.

No Brasil, o mercado de capitais ainda é muito pequeno perto de sua capacidade plena. Apenas um por cento da população brasileira economicamente ativa investe por meio da Bolsa de Valores de São Paulo.

A missão da Suno Research é justamente promover a educação financeira de milhares de pequenos e médios investidores em potencial.

Como casa independente de pesquisas em investimentos de renda variável, a Suno quer demonstrar que os brasileiros podem se libertar do sistema público de previdência, fazendo investimentos inteligentes no mercado financeiro.

O brasileiro também pode financiar a inovação, gerando divisas para seu país e se beneficiando dos avanços promovidos pela parceria entre investidores e empreendedores.

O investidor brasileiro em potencial ainda tem receio de operar em Bolsa. Vários são os mitos sobre o mercado de capitais, visto como um ambiente restrito aos especialistas e aos mais endinheirados.

A facilidade para realizar aplicações bancárias – embora pouco rentáveis – e os conflitos de interesse de parte das corretoras de valores, que fornecem análises tendenciosas de investimento visando comissões com transações em excesso, são fatores que também distanciam muita gente do mercado financeiro nacional.

Como agravante, a Suno tem em seu segmento de atuação empresas que fazem um jogo publicitário pesado, oferecendo promessas de enriquecimento que não se comprovam na realidade. Não existe enriquecimento rápido; tal possibilidade ocorre no longo prazo.

Por meio de seus artigos, análises de empresas e fundos imobiliários, vídeos, cursos e também livros, a Suno vem para iluminar a relação do brasileiro com o mercado de capitais, que, se não tem a solução para todos os problemas, é parte do esforço da humanidade para deixar este mundo melhor, por meio de investimentos em valores monetários, morais e éticos.

PREFÁCIO

Small Caps: o que elas têm de diferente?

Por Tiago Reis

Small Caps não são como empresas grandes.

Existem vários fatores que as transformam em quase que uma categoria de investimentos à parte. A começar pela cobertura dos analistas.

Não é raro encontrar empresas menores sem nenhum analista cobrindo o papel. Quando nós escrevemos sobre Unipar pela primeira vez, éramos os únicos analistas de investimento cobrindo a empresa.

Isso com certeza é uma vantagem. Não existe competição. Qualquer análise traz uma grande vantagem frente aos demais investidores.

Quando se analisa uma empresa como Petrobras ou Bradesco, é mais difícil ter alguma grande sacada. Afinal de contas, dezenas de analistas estão olhando para o papel. É preciso ter muito mais genialidade para cobrir e trazer algo novo para uma Petrobras do que para uma Unipar.

É simplesmente uma discussão de competição. Como tudo na vida, quanto menor a competição, maiores as chances de ganhar.

Outro ponto que torna as *Small Caps* únicas são as valorizações que podemos ver. É bem difícil uma empresa como o Itaú dobrar de preço em um ano. Ainda que não aconteça com todas, é muito mais comum esse cenário de forte valorização ocorrer com ações menores.

Por que isso ocorre?

É mais fácil uma empresa de R$ 500 milhões passar a valer R$ 1 bilhão do que uma empresa de R$ 200 bilhões passar a valer R$ 400 bilhões.

Isto porque a empresa menor precisa de um incremento de resultados menor para justificar um preço duas vezes maior. Dobrar a linha de receitas de um banco como o Itaú (que, na época em que este livro foi escrito, detinha cerca de 30% do mercado nacional) é bem mais difícil.

Por isso, as ações de *Small Caps*, embora sejam relacionadas genericamente com empresas de porte menor, são as que apresentam os maiores potenciais das Bolsas de Valores ao redor do mundo.

O nosso propósito, neste livro, é abordar o universo das *Small Caps* e identificar um caminho para selecionar as melhores empresas deste segmento no mercado financeiro, de modo a promover maior ganho de capital para os investidores que decidam incluir esse tipo de ações em suas carteiras de longo prazo.

I
O QUE SÃO *SMALL CAPS*?

Como o lucro é o que enche o bolso do acionista, em última instância, é o que o mercado acompanha. E por isso se fala tanto em múltiplo P/L.

Empresas *Small Caps* são companhias com pequena (*Small*) capitalização de mercado (*Caps*).

A capitalização de mercado, valor de mercado ou apenas capitalização, é o preço teórico para adquirir todas as ações de uma companhia.

As ações de uma empresa podem ser de classes diferentes:

> **PN** são ações preferenciais e *oferecem preferência no recebimento de resultados ou no reembolso do capital em caso de liquidação da companhia. Entretanto, não concedem o direito de voto. Podem ainda ser diferenciadas em classe A (**PNA**) e classe B (**PNB**). As características de cada classe são determinadas pela empresa em seu estatuto social. Essas diferenças variam de empresa para empresa, portanto não é possível fazer uma definição geral das classes de ações.*

> **ON** são ações ordinárias que concedem o direito de voto nas assembleias da empresa.

> **Units** *são agrupamentos de ações de uma empresa, geralmente combinando* ações ordinárias e preferenciais.

Consideramos, no cálculo de capitalização de uma empresa, todas as classes de ações (ON, PNA, PNB, *Units*) em circulação no mercado. Porém, excluímos as ações em tesouraria.

O valor de mercado é um número volátil, que oscila principalmente ao sabor das cotações de mercado, mas também de eventuais aumentos de capitais e recompras de ações, ainda que esse efeito seja secundário.

Calculemos a capitalização da Ambev no final do dia 25 de abril de 2019.

- Número de ações ON em circulação: 15.722.147.100.

- Não existem ações PN e *Units*.

- Cotação de fechamento: R$ 16,95.

A capitalização de mercado é, portanto, de aproximadamente R$ 269 bilhões, ou seja, o resultado da multiplicação do preço da ação (R$ 16,95) pelo número de ações (15.722.147.100).

1ª classificação: faixas de capitalização

Indiscutivelmente, a Ambev é uma *Large Cap*, pois seu valor de mercado gira em torno de centenas de bilhões de reais. Porém, quando consideramos faixas mais baixas de capitalização, a classificação se torna nebulosa.

A partir de qual valor uma companhia é considerada *Small Cap*?

Alguém poderia defender as seguintes categorias de companhias:

- *Large Caps*: acima de R$ 15 bilhões.

- *Mid Caps*: entre R$ 5 bilhões e R$ 15 bilhões.

- *Small Caps*: abaixo de R$ 5 bilhões.

Já um investidor que fosse mais específico poderia defender o seguinte esquema:

- *Large Caps*: acima de R$ 10 bilhões.

- *Mid Caps*: entre R$ 1 bilhão e R$ 10 bilhões.
- *Small Caps*: entre R$ 500 milhões e R$ 1 bilhão.
- *Nano Caps*: abaixo de R$ 500 milhões.

Não existem faixas de valores padronizadas para cada categoria de empresa.

Portanto, é preciso entender os intervalos considerados para montar cada grupo (*Large Caps*, *Mid Caps*, *Small Caps*, entre outros), conforme fizemos anteriormente.

2ª classificação: definição da Anbima

A Associação Brasileira das Entidades dos Mercados Financeiro e de Capitais (Anbima) apresenta em seu *site* uma definição bastante precisa sobre os chamados fundos de *Small Caps*:

> "Fundos cuja carteira de ações investe, no mínimo, 85% (oitenta e cinco por cento) em ações de empresas que não estejam incluídas entre as 25 maiores participações do IBrX – Índice Brasil, ou seja, ações de empresas com relativamente baixa capitalização de mercado, desde que não estejam incluídas entre as dez maiores participações do IBrX – índice Brasil." (Fonte: https://www.anbima.com.br/data/files/E3/62/8C/0B/242085106351AF7569A80AC2/NovaClassificacaodeFundos_PaperTecnico_1.pdf – documento publicado em abril de 2015 – *link* acessado em julho de 2020).

Vejamos como funciona. No dia 08 de maio de 2019, as 25 maiores posições (dentre 100) do índice IBrX eram as que estão mostradas na próxima página:

Empresa	Ação	Capitalização (milhares)
Petrobras	PETR3	R$ 378.230.139,72
Petrobras	PETR4	R$ 378.230.139,72
ItauUnibanco	ITUB4	R$ 300.197.955,50
Ambev S/A	ABEV3	R$ 281.818.808,32
Bradesco	BBDC3	R$ 266.912.243,81
Bradesco	BBDC4	R$ 266.912.243,81
Vale	VALE3	R$ 251.186.691,59
Santander BR	SANB11	R$ 166.897.733,52
Brasil	BBAS3	R$ 140.919.999,33
Itausa	ITSA4	R$ 102.463.455,72
Telef Brasil	VIVT4	R$ 74.610.254,40
B3	B3SA3	R$ 70.218.812,97
Suzano S.A.	SUZB3	R$ 55.695.861,00
BBSeguridade	BBSE3	R$ 54.766.770,01
JBS	JBSS3	R$ 53.688.258,23
Btgp Banco	BPAC11	R$ 47.110.239,95
Eletrobras	ELET3	R$ 44.856.633,42
Eletrobras	ELET6	R$ 44.856.633,42
Carrefour BR	CRFB3	R$ 42.048.884,90
Weg	WEGE3	R$ 39.031.606,72
Magaz Luiza	MGLU3	R$ 36.574.936,37
Engie Brasil	EGIE3	R$ 34.391.354,24
Braskem	BRKM5	R$ 34.038.387,62
Lojas Renner	LREN3	R$ 33.338.322,83
Sabesp	SBSP3	R$ 32.945.175,69

Dessa forma, qualquer fundo que investisse, no mínimo, 85% do patrimônio em ações fora dessa lista (as outras 75) seria chamado de fundo de *Small Caps*. Perceba a flexibilidade dessa classificação, já que rotula empresas com valor de mercado abaixo de R$ 30 bilhões como *Small Caps*.

3ª classificação: definição da B3 (Índice *Small Caps*)

A Bolsa brasileira, B3, criou um índice chamado Índice *Small Caps* (SMLL) para agregar todas as ações com esse perfil. Em linhas gerais, para uma ação entrar neste índice deve atender aos seguintes requisitos, conforme descritivo da Bolsa de São Paulo – vide "Índice Small Cap (SMLL)" e "Composição da carteira" no *site* da B3 (acessado em maio 2020):

http://www.b3.com.br/pt_br/market-data-e-indices/indices/indices-de-segmentos-e-setoriais/

> *"4.1 Estar entre os ativos que, em ordem decrescente, estejam classificados fora da lista dos que representam 85% (oitenta e cinco por cento) do valor de mercado de todas as empresas listadas no mercado a vista (lote-padrão) da BM&FBOVESPA."*

> *"4.2 Estar entre os ativos elegíveis que, no período de vigência das 3 (três) carteiras anteriores, em ordem decrescente de Índice de Negociabilidade (IN), representem em conjunto 99% (noventa e nove por cento) do somatório total desses indicadores (ver Manual de Definições e Procedimentos dos Índices da BM&FBOVESPA)."*

> *"4.3 Ter presença em pregão de 95% (noventa e cinco por cento) no período de vigência das 3 (três) carteiras anteriores."*

> *"4.4 Não ser classificado como "Penny Stock" (ver Manual de Definições e Procedimentos dos Índices da BM&FBOVESPA)."*

É uma classificação que, além de incluir a capitalização como critério chave, também dá relevância à liquidez, além da situação patrimonial e financeira da companhia. No dia 09 de maio de 2018, o SMLL era composto pelas seguintes ações:

Empresa	Ação	Capitalização (milhares)
Multiplan	MULT3	R$ 14.447.328,29
Azul S.A.	AZUL4	R$ 12.520.019,52
Copel	CPLE6	R$ 11.804.612,45
Energias BR	ENBR3	R$ 10.562.466,24
BR Malls Par	BRML3	R$ 10.267.173,78
Bradespar	BRAP4	R$ 10.250.710,81
Banrisul	BRSR6	R$ 9.938.894,00
Taesa	TAEE11	R$ 9.322.304,54
Alpargatas	ALPA4	R$ 9.203.681,01
Guararapes	GUAR3	R$ 9.110.400,00
Odontoprev	ODPV3	R$ 8.675.997,19
Cvc Brasil	CVCB3	R$ 8.618.554,22
Sanepar	SAPR4	R$ 8.541.669,60
Sanepar	SAPR11	R$ 8.541.669,60
Gol	GOLL4	R$ 8.526.068,36
Copasa	CSMG3	R$ 8.331.892,48
Cesp	CESP6	R$ 8.246.000,53
Estacio Part	ESTC3	R$ 8.196.086,03
Iguatemi	IGTA3	R$ 6.873.933,03
Alupar	ALUP11	R$ 6.863.596,97
Sao Martinho	SMTO3	R$ 6.819.603,83
Duratex	DTEX3	R$ 6.758.021,20
Gerdau Met	GOAU4	R$ 6.740.282,16
MRV	MRVE3	R$ 6.596.014,28
Cyrela Realt	CYRE3	R$ 6.574.158,19
Fleury	FLRY3	R$ 6.540.387,12
Eneva	ENEV3	R$ 6.536.042,50
Grendene	GRND3	R$ 6.513.595,20
Totvs	TOTS3	R$ 6.462.702,60
Banco Inter	BIDI4	R$ 6.325.293,38
Locamerica	LCAM3	R$ 6.188.358,29

Viavarejo	VVAR3	R$ 5.860.687,50
Smiles	SMLS3	R$ 5.506.449,57
Cia Hering	HGTX3	R$ 5.235.418,80
Qualicorp	QUAL3	R$ 4.968.285,92
Linx	LINX3	R$ 4.915.071,85
Bk Brasil	BKBR3	R$ 4.838.973,36
Ecorodovias	ECOR3	R$ 4.646.466,05
Arezzo Co	ARZZ3	R$ 4.599.069,50
AES Tiete E	TIET11	R$ 4.343.750,50
Light S/A	LIGT3	R$ 4.284.654,60
Eztec	EZTC3	R$ 4.284.000,00
Marfrig	MRFG3	R$ 4.179.204,09
Abc Brasil	ABCB4	R$ 4.018.033,43
Aliansce	ALSC3	R$ 3.870.951,96
SLC Agricola	SLCE3	R$ 3.770.815,75
BR Propert	BRPR3	R$ 3.489.643,55
Enauta Part	ENAT3	R$ 3.285.760,85
Unipar	UNIP6	R$ 3.285.102,26
Minerva	BEEF3	R$ 3.250.024,64
Movida	MOVI3	R$ 3.195.636,32
Marcopolo	POMO4	R$ 3.195.093,73
Iochp-Maxion	MYPK3	R$ 3.071.060,87
Ser Educa	SEER3	R$ 3.023.669,44
Metal Leve	LEVE3	R$ 3.001.135,82
Randon Part	RAPT4	R$ 2.859.022,32
Camil	CAML3	R$ 2.756.850,68
Tupy	TUPY3	R$ 2.584.860,52
Santos Brp	STBP3	R$ 2.552.777,15
Ihpardini	PARD3	R$ 2.478.417,76
Petrorio	PRIO3	R$ 2.203.786,67
Ferbasa	FESA4	R$ 1.925.727,45
Tenda	TEND3	R$ 1.829.255,40
Tegma	TGMA3	R$ 1.770.429,18

Vulcabras	VULC3	R$ 1.533.517,44
Lojas Marisa	AMAR3	R$ 1.530.057,20
Anima	ANIM3	R$ 1.526.250,11
Even	EVEN3	R$ 1.343.138,35
Log Com Prop	LOGG3	R$ 1.320.733,60
Wiz S.A	WIZS3	R$ 1.279.258,26
Direcional	DIRR3	R$ 1.224.460,35
Valid	VLID3	R$ 1.174.355,40
Imc S/A	MEAL3	R$ 1.156.369,68
Forja Taurus	FJTA4	R$ 388.750,64
Gafisa	GFSA3	R$ 250.196,74

Toda *Small Cap* é um pequeno negócio?

Não necessariamente. São conceitos diferentes.

Via de regra, o valor de mercado de uma companhia é um bom termômetro do tamanho do negócio, quando medido em termos de faturamento, por exemplo. No entanto, existem empresas grandes, que faturam bilhões, mas que estão temporariamente classificadas como *Small Caps*.

Isso pode acontecer quando a companhia, apesar da receita grande, tem tantas despesas, sejam operacionais ou financeiras (dívidas), que o lucro é ínfimo.

Como o lucro é o que enche o bolso do acionista, em última instância, é o que o mercado acompanha. E por isso se fala tanto em múltiplo P/L, por exemplo. Lembrando que P/L é um indicador fundamentalista para a relação entre Preço e Lucro, representando a cotação da ação no mercado, dividida pelo seu lucro por ação.

Em situações extremas, a empresa pode até estar com grandes

prejuízos momentâneos. Empresas em recuperação financeira – judicial ou extrajudicial – costumam se encontrar nessa situação.

Tome-se a Via Varejo (VVAR3), por exemplo, em maio de 2019. A companhia havia faturado mais de R$ 26 bilhões nos doze meses anteriores, mas o seu valor de mercado era inferior a R$ 5 bilhões. Parte dessa discrepância é explicada pelo acúmulo de prejuízos nos últimos anos e pelas perspectivas nebulosas para a varejista.

Caso a companhia retome a trajetória de lucratividade, a empresa muito provavelmente valerá muito mais na Bolsa e, portanto, deixará de ser considerada uma *Small Cap*.

Agora, se for um caminho sem volta, a companhia estará destinada à "morte". Não à toa, os investidores costumam dizer que os índices de *Small Caps* são o cemitério das empresas outrora importantes (*Fallen Angels*).

Todo pequeno negócio é uma *Small Cap*?

Pelo argumento exposto anteriormente, podemos entender o motivo de algumas companhias, apesar de ainda faturarem (e lucrarem) pouco, valerem bastante na Bolsa.

Ora, se o mercado espera uma trajetória de forte crescimento nos lucros, pagará antecipadamente por isso.

Veja-se o caso do Banco Inter (BIDI4) em maio de 2019. O banco valia em torno de R$ 6 bilhões na Bolsa. Nos doze meses anteriores, o banco havia faturado R$ 680 milhões e lucrado R$ 69 milhões.

Ou seja, o mercado estava pagando de antemão cerca de noventa vezes o lucro e quase dez vezes a receita.

Sem julgar o mérito do *Valuation* do Banco Inter, que pode vir a ser justificado pelo crescimento futuro, sabemos que excessos podem ocorrer.

É o caso da bolha de Internet nos Estados Unidos, nos anos 2000. Diversas empresas, ainda pré-operacionais ou engatinhando, foram avaliadas por centenas de vezes os seus lucros. Deu no que deu: a bolha das empresas "pontocom" estourou e arruinou as economias de milhares de investidores individuais norte-americanos.

II
ESTRATÉGIAS

Um dos atalhos dos investidores é não tentar encontrar a agulha do palheiro, mas, sim, comprar o palheiro inteiro. Ou seja, montar um portfólio tão diversificado que provavelmente incluirá alguma ação multibagger.

Dentre as estratégias para investir em *Small Caps*, existem quatro que se destacam como as principais:

- Crescimento.
- Cíclicas.
- *Turnarounds*.
- *Deep Value* (*Asset Play*).

Tais posturas de investimento não são totalmente independentes, podendo haver intersecções entre elas, que também podem ser complementares. Há casos de empresas cíclicas em *Turnaround e* cíclicas em *Deep Value,* mas que também estão crescendo, assim como outras combinações possíveis.

Feita a ressalva, ao dividir as teses de investimento nestas quatro categorias, podemos elaborar um modelo mental para compreender as diferentes formas de explorar as oportunidades em *Small Caps*. O passo a passo para aplicar tais estratégias será delineado no capítulo V.

Vejamos, a seguir, a conceituação de cada uma delas.

1ª estratégia: crescimento

Não é exagero dizer que a estratégia de crescimento é o "sonho de poupança", para não dizer "sonho de consumo", de todo investidor. Estamos falando de companhias que conseguem crescer consistentemente em sua receita e lucro por vários anos, e às vezes décadas.

Muitas delas, inclusive, possuem um modelo de negócios tão rentável que conseguem gerar resultados com baixa aplicação de capital. Ou seja, todo o excesso de geração de caixa acaba sendo distribuído sob a forma de dividendos ou devolvido via recompra de ações.

Nesse último caso, a participação proporcional do investidor na companhia irá crescer e, assim, sua posição tenderá a valer mais e seus dividendos *pro rata* também serão maiores.

Em outras palavras, o investidor que mantiver suas ações nesse período de prosperidade provavelmente será beneficiado com uma expressiva valorização de suas ações e também com o recebimento de generosos proventos.

Peter Lynch, grande gestor de ações, apelidou essas ações que valorizam muito ao longo dos anos de *multibagger.*

Ou seja, uma ação que multiplica por dez seria uma *tenbagger* e, se fosse por vinte, seria denominada *twentybagger.* Por exemplo: se você tiver um investimento que retorne 15% ao ano, depois de dezessete anos você teria uma *tenbagger.*

O mercado também se refere a tais ações como *compounders.*

O nome alude à ideia dos juros compostos, que fazem o patrimônio crescer de maneira exponencial ao longo dos anos.

Futuros líderes em setores de alto crescimento

Uma das formas de identificar a próxima *multibagger* seria encontrar a próxima líder em um setor de alto crescimento.

Por exemplo, quem comprou gigantes de tecnologia como Apple, Dell, Microsoft, Google, Intel e Facebook, quando ainda eram empresas menores, certamente colheu uma rentabilidade espetacular.

Veja a seguinte tabela com alguns desses campeões na década de 1990:

Ranking por performance da ação	*Ticker*	Empresa	Setor	US$ 10 mil investidos em 12/1989 e convertidos em 12/1999
1	DELL	DELL COMPANY	Fabricante de Computadores	8,9 Milhões
6	CCU	Clear Channel Communication	Estação de Rádio	8,1 Milhões
9	BBY	Best Buy	Varejista	995,000
10	MSFT	Microsoft	Tecnologia	960,000
13	SCH	Charles Schwab	Banco e Corretora de Valores	827,000
14	NBTY	NBTY	Produtora de Vitaminas e Suplemento Alimentar	782,000
20	WCOM	MCI Worldcom	Comunicações	694,000
21	AMGN	Amgem	Biotecnologia	576,000
30	PPD	Prepaid Legal Services	Serviços de Advocacia	416,000
33	INTC	Intel	Chips de Computadores	372,000
34	HD	Home Depot	Material de Construção	370,000
40	PAYX	Paychex	Serviços de Folha de Pagamento	340,000
46	DG	Dollar General	Varejista de Produto com Desconto	270,000
49	HDI	Harley Davidson	Motocicletas	251,000
52	GPS	GAP	Varejista de Roupa	232,000
69	SPLS	Staples	Material de Escritório	186,000
75	WBPR	Westerbank/Puerto Rico	Banking	170,000
77	MDT	Medtronic	Material Médico	168,000
82	ZION	Zion's Bancorp	Banking	161,000
87	LOW	Lowe's Companies	Material de Construção	152,000

Obs.: a lista não inclui empresas que foram compradas por outras.
Fonte: Ned Davis Research.

Logicamente, encontrar o próximo Google é tarefa dificílima. Setores que crescem muito rápido atraem uma competição feroz, minando a lucratividade da maioria dos participantes da indústria.

Um dos atalhos dos investidores é não tentar encontrar a agulha do palheiro, mas, sim, comprar o palheiro inteiro. Ou seja, montar um portfólio tão diversificado que provavelmente incluirá alguma ação *multibagger*.

Porém, com certeza esse atalho não é solução mágica, pois, mesmo adquirindo várias ações que se valorizam expressivamente, o percentual de participação dessas ações na carteira pode ser tão baixo a ponto de não impactar muito o desempenho do portfólio como um todo.

Se não fosse assim, bastaria adquirir todas as ações negociadas na Bolsa de Valores. Claramente, essa é uma estratégia que converge para os retornos médios.

Em resumo, é preciso boa dose de experiência e competência para saber calibrar a quantidade e a qualidade das ações dentro de um portfólio.

O que se observa na prática é que a gestão passiva de portfólios excessivamente diversificados tende a gerar retornos na média de mercado. Assim, o investidor tem duas formas de contornar essa dificuldade:

1. Fazer a gestão ativa de um número grande de ações, o que é um desafio formidável para uma só pessoa.

2. Concentrar o portfólio nas melhores oportunidades de acordo com o seu julgamento.

É claro que existe o caminho do meio. Nem diversificar a ponto de se perder, nem concentrar de tal forma que o desempenho ruim de poucas ações possa comprometer o investidor.

Lembremos:

> **Uma perda de 99% implica uma rentabilidade de 9.900% só para retornar ao ponto de partida.**

Existe ainda outra armadilha nessa busca por oportunidades de ouro: quando uma empresa está bem cotada para se tornar a líder de um setor, **os investidores antecipam o desempenho futuro do negócio.**

Portanto, mesmo que de fato a companhia em questão atinja a liderança inconteste e passe a lucrar bilhões, tudo isso pode já estar precificado na ação.

É importante ter em mente que uma excelente empresa não necessariamente é um excelente investimento. O que faz com que isso se torne verdade é o preço que se paga por ela.

Não estamos comprando negócios para pendurar na parede e exibir aos amigos, mas para auferir ganhos financeiros.

Comendo pelas beiradas: ganhando *market share* em setores tradicionais

O segundo caminho para encontrar boas *compounders* é buscar empresas que crescem em segmentos mais tradicionais, como varejo, setor financeiro, alimentos, bebidas, farmacêutico, entre outros.

Podem existir bons negócios que crescem a taxas interessantes mesmo em setores de menor crescimento, pois abocanham maiores participações de mercado (*market share*) de seus concorrentes.

Esse ganho de participação pode vir tanto de um crescimento orgânico acima da média como de um crescimento baseado em aquisições e fusões, ou ainda de uma combinação de ambos.

Veja a seguir o *ranking* das vinte empresas brasileiras com o melhor desempenho entre 1998 e 2018:

Empresa	Retorno nominal a.a (Valorização + Dividendos)	Retorno real a.a	% do Ibov	% do CDI
Lojas Americ	74%	64%	551%	551%
Ferbasa	67%	57%	501%	501%
Suzano Papel	60%	51%	449%	449%
Unipar	55%	46%	408%	408%
Alpargatas	53%	44%	396%	396%
Encorpar	52%	43%	389%	389%
Eletropar	51%	43%	383%	383%
Ambev S/A	51%	42%	382%	382%
Randon Part	51%	42%	378%	378%
Grazziotin	50%	41%	374%	374%
Vale	49%	40%	366%	366%
Panatlantica	47%	39%	351%	351%
Itausa	46%	37%	342%	342%
Gerdau	45%	36%	333%	333%
ItauUnibanco	43%	34%	318%	318%
Braskem	41%	32%	303%	303%
Engie Brasil	41%	32%	302%	302%
Pettenati	38%	30%	285%	285%
BRF SA	38%	30%	284%	284%
Bradesco	38%	30%	283%	283%

Ranking das 20 empresas brasileiras com o melhor desempenho entre 1998 e 2018 na Bolsa de Valores de São Paulo. Fonte: Suno Research / Economatica.

Verifique que temos nomes tradicionais em indústrias consolidadas, como Lojas Americanas, Ambev, Vale, Itaú Unibanco e BRF.

O que é comum à maioria das ações desse *ranking* é o fato de essas companhias terem se tornado referências em seus setores, galgando as primeiras posições em termos de participação de mercado.

Logicamente, ao longo da trajetória de consolidação dessas gigantes, várias outras incumbentes acabaram falindo, entrando em recuperação judicial ou caindo no ostracismo.

Empresas *low profile*

Os nomes do *ranking* anterior são conhecidos pela maioria dos participantes do mercado, mas existe ainda uma gama enorme de companhias que crescem "fora do radar".

Faça o teste a seguir: veja se consegue identificar no quadro a maioria das empresas americanas com melhor desempenho de 1998 a 2007:

Empresa	Capitalização de mercado em 01/01/1998 (US$)	Capitalização de mercado em 01/01/2007 (US$)	Retorno 1998-2007
Hansen Natural (Nasdaq: HANS)	16,5 Milhões	3,83 Bilhões	21201%
Asta Funding (Nasdaq: ASFI)	3,1 Milhões	326,3 Milhões	8252%
Celgene (Nasdaq:CELG)	129 Milhões	22,74 Bilhões	6771%
Apple (Nasdaq: AAPL)	1,7 Bilhão	176.4 Bilhões	5959%
Comtech Telecommunications (Nasdaq:CMTL)	11,3 Milhões	1.34 Bilhões	4246%
Daktronics (Nasdaq: DAKT)	23,1 Milhões	917,4 Milhões	3493%
Green Mountain Coffee Roasters (Nasdaq: GMCR)	24,7 Milhões	1,00 Bilhão	3455%
Clean Harbors (CLH)	15,8 Milhões	1,23 Bilhão	3378%
Innodata Isogen (INOD)	3,1 Milhões	128,9 Milhões	3135%
Immucor (BLUD)	70 Milhões	2,39 Bilhões	2941%

As dez ações norte-americanas com as melhores performances entre 1998 e 2007. Fonte: Capital IQ, www.capitaliq.com.

Buy & Homework

Existe o mito de que você pode comprar ações e esquecê-las na gaveta. De fato, é verdade que um portfólio bem diversificado, mantido por vários anos, muito provavelmente dará bons retornos no futuro. Agora, se esse portfólio for cuidado com zelo ao longo do tempo, as chances de aumentar a rentabilidade em longo prazo crescem significativamente.

Existem momentos para vender as ações, para comprá-las e outros apenas para mantê-las. É tudo uma questão da comparação entre o que a empresa vale de verdade e quanto o mercado está pagando por ela.

Não é preciso muito trabalho para essa tarefa. O investidor pode começar acompanhando os resultados trimestrais e os comunicados que a empresa divulga ao mercado. Aos poucos, pode ir montando seu próprio modelo de quanto aquela companhia deveria valer.

Para aqueles que não desejam se envolver nem mesmo a este ponto, a assinatura de empresas de *research* competentes pode acelerar bastante o processo de aprendizagem.

2ª estratégia: empresas cíclicas

A segunda estratégia é adquirir empresas notadamente cíclicas, quando elas estão na fase baixa do ciclo. **Atenção**: não estamos falando do sobe e desce das cotações na Bolsa, mas do ciclo operacional e de resultados da companhia.

O exemplo mais clássico é o de empresas produtoras de *commodities*, que podem ser de origem animal (carnes), agrícola (milho, soja, feijão, trigo, algodão), mineral (minério de ferro, cobre, prata, ouro, zinco, aço) e de energia (gás natural, petróleo, xisto).

Tome-se como exemplo as petroleiras. O preço do barril é negociado em Bolsas internacionais e, portanto, nenhuma companhia individual tem o poder de precificar o seu produto. Logo, quando o petróleo sobe, essas companhias tendem a faturar e lucrar mais. E, quando o barril cai, o oposto ocorre. Essa mesma lógica vale para fazendas, produtores de carnes, mineradoras e siderúrgicas.

Como o preço das ações acompanha os lucros das empresas, então o que se observa é uma forte correlação positiva entre o preço dessas *commodities* e o preço das ações das empresas que as produzem – ou das empresas inseridas nessa cadeia.

Resta a pergunta: como saber quando uma determinada *commodity* está barata?

Esse é um problema difícil. Cada mercado tem suas peculiaridades. Por exemplo, no mercado de petróleo, os árabes fazem cartel para controlar o preço. Os Estados Unidos competem nesse ramo com o óleo de xisto.

Já no mercado agrícola, grandes enchentes e secas podem alterar o preço das *commodities* rapidamente. Quando falamos em carnes, há o problema das pestes, que podem levar ao sacrifício de milhões de animais, empurrando o preço para cima.

No caso dos metais, pode haver a concentração da produção em poucos países, o que aumenta o impacto dos riscos locais no preço. Veja o que ocorreu com a Vale, por exemplo, por conta de duas barragens que se romperam em 2015 e 2019.

É preciso desenvolver estudos específicos, e o propósito deste livro não é se aprofundar em cada um desses mercados.

Existe um caminho mais simples para quem está começando a investir em *Small Caps:* trabalhar com cenários de estresse no preço das *commodities* e avaliar a atratividade da ação, mesmo nesses casos.

Também é importante se atentar às questões cambiais. Como as *commodities* são cotadas em dólar na sua maioria, a desvalorização da moeda americana costuma gerar perdas cambiais quando traduzimos os resultados para reais. Já o dólar valorizado é positivo para empresas de *commodities*.

Ciclos domésticos

Outra categoria de empresas cíclicas são aquelas expostas aos ciclos da economia doméstica, como a cadeia da construção civil, a indústria automobilística e o varejo. Geralmente, quando a economia vai mal como um todo, todas essas indústrias também sofrem. E o contrário também costuma ocorrer quando há uma recuperação econômica.

Porém, é preciso olhar com maior profundidade para entender o ciclo específico a que está exposta determinada companhia. Por exemplo, uma construtora que atua na cidade de São Paulo para alta renda só está exposta ao ciclo dessa capital e, mais especificamente, ao padrão de consumo dos endinheirados. Já uma varejista de moda, com operações igualmente representativas em todas as capitais dos estados da Região Sudeste, está sensível à economia dessas cidades.

É preciso entender fundamentalmente quais são as variáveis que podem propiciar um crescimento da demanda pelos produtos da companhia, para que ela cresça no futuro.

Como sinais positivos, temos crédito ao consumidor no caso das varejistas de moda. Já o financiamento imobiliário tende a aquecer a construção civil. Financiamentos de automóveis, incluindo subsídios do governo para compra de caminhões, também são positivos.

No entanto, o crédito abundante não é sinônimo de demanda certa, pois todo crédito corresponde a uma dívida que precisa ser paga.

Entrementes, se o tomador acredita que não terá condições de pagar as parcelas no futuro, seja porque já está endividado ou porque as perspectivas de renda são baixas, o efeito do crédito na demanda é atenuado.

3ª estratégia: *Deep Value (Asset Play)*

A terceira estratégia é o *Value Investing* clássico. Fazendo uma analogia, é como comprar uma moeda de um real por cinquenta centavos e, assim, lucrar com a diferença. Na Bolsa isto significa comprar ações de uma empresa por um valor menor do que o seu valor de liquidação.

Para encontrar oportunidades dessa natureza, em primeiro lugar é preciso entender o básico de Contabilidade. O valor de liquidação é uma aproximação do que restaria aos acionistas após a companhia alienar todos os seus ativos e quitar todos os seus passivos.

Para encontrar situações em que a empresa iria valer mais "morta do que viva", precisamos buscar ativos no balanço que estejam registrados por valores muito menores do que os valores de mercado.

Por exemplo, uma empresa pode ter terrenos e fazendas registrados ao custo de trinta anos atrás, enquanto essas propriedades valem várias vezes esse montante. Podem também ser florestas, veículos, imóveis, além de *commodities* de qualquer natureza.

Outra abordagem é procurar ativos valiosos que ainda não foram registrados no balanço patrimonial. Porém, essa é uma abordagem mais avançada.

Deep Value versus *Trap Value*

Pela lógica exposta anteriormente, a princípio não deveríamos nos preocupar muito com a qualidade do negócio e dos seus lucros para aplicar o *Deep Value*. De fato, muitos investidores do passado aplicaram essa estratégia com sucesso e com base apenas nos dados patrimoniais da empresa.

É o que se chama de fumar guimbas de charuto, isto é, aproveitar todo o resto de valor que ainda existe na companhia, mesmo que seja o pior negócio do mundo.

Tal estratégia funcionou muito bem no passado, quando havia dezenas de empresas negociando dessa forma e o mercado era muito menos eficiente. No entanto, hoje os desafios são bem maiores.

Não existem tantas oportunidades e, no caso de encontrarmos uma chance aparente de *Deep Value*, devemos ter cuidado para não cair na armadilha de valor – *Trap Value*. O *Trap Value* é o caso de uma empresa que negocia de fato abaixo do valor de liquidação que o investidor estimou, mas é um negócio com perspectivas tão ruins que merece essa precificação.

Warren Buffett já caiu nessa, quando comprou uma joalheria por menos do que o ouro em estoque. Mas o negócio era tão ruim que ele empatou seu investimento depois de anos.

Nesse caso, as ações podem nunca "fechar o *gap*" de valor. Pois só há duas formas de conseguir destravar essa diferença:

1. Comprar o controle da companhia e liquidar o negócio todo.

2. Esperar que o restante do mercado reconheça esse valor oculto.

O primeiro caso é inviável para 99,99% dos investidores, pois demanda vultosas somas de dinheiro e dedicação empresarial.

Já o segundo caso é a alternativa mais provável. No entanto, o julgamento do mercado pode estar correto e o seu julgamento, não.

Caso a empresa possua passivos "fora do balanço", além de contingências que ainda não foram registradas nas demonstrações financeiras, o valor de liquidação pode sumir ou mesmo se tornar negativo. Se for um negócio que está rumando à falência ou a algum tipo de recuperação – judicial ou não –, todo cuidado é pouco. Pode ser que a lucratividade evapore e o patrimônio seja dilapidado rapidamente.

Alguns investidores utilizam o atalho de calcular o patrimônio líquido como substituto do valor de liquidação. Cuidado novamente. Pode ocorrer de os ativos estarem registrados por valores muito acima do valor de mercado. Isso pode acontecer quando existe certa flexibilidade na contabilização dos ativos.

Atenção ao chamado *impairment*, quando a companhia faz uma dedução no ativo para refletir uma contabilização mais justa.

Por todos esses motivos, para evitar a armadilha de valor, a forma mais segura de aplicar o *Deep Value* é considerar a qualidade do negócio em conjunto.

Se for uma companhia que dá lucro, tem gestão financeira conservadora e está inserida em um bom setor, as chances de a estratégia dar certo são muito maiores, levando em conta que podemos estar diante da baixa liquidez das ações impedindo que investidores profissionais adquiram os papéis.

No entanto, mesmo que a ação permaneça eternamente descontada em proporção ao valor de liquidação, o investidor irá auferir bons retornos, pois o valor de liquidação e o patrimônio líquido tendem a crescer com o tempo, sem contar os dividendos distribuídos no caminho.

4ª estratégia: *Turnarounds*

A última estratégia pode ser comparada como apostar na "ressurreição dos mortos". Enquanto a maioria não volta à vida, sempre existem aqueles que contrariam as probabilidades. Essa é uma estratégia com risco acima da média, pois temos poucos exemplos de empresas que deram a volta por cima e retomaram os tempos de glória.

Nenhuma companhia chega ao ponto de passar por uma recuperação judicial ou extrajudicial ao acaso, sem motivo. Decisões erradas, tomadas em sequência, acabam por levar ao acúmulo de passivos insustentáveis, com bancos, funcionários, fornecedores ou órgãos públicos, que acabam por comprometer as atividades correntes da companhia.

Não é fácil reverter uma situação assim. O tratamento passa pela clara identificação dos sintomas e do que fazer a respeito. Das duas uma:

1. A companhia encontra o caminho para voltar a operar com sucesso.

Ou:

2. É decretada a falência do negócio.

O segundo caso é o mais comum, e o investidor que comprar uma ação nessa situação provavelmente sairá de mãos vazias ou perdendo quase todo o capital aplicado.

Já o primeiro caso pode render retornos excepcionais, pois as ações de empresas em recuperação costumam estar completamente depreciadas, como se o mercado precificasse o fim do negócio.

Acertar exatamente o ponto de inflexão é tarefa que beira o impossível.

A forma mais prudente de aplicar essa estratégia é esperar até que os resultados do plano de recuperação comecem a aparecer de fato, mas não a ponto de já estarem completamente precificados.

III
POR QUE INVESTIR?

Em média, ações de menor capitalização têm maiores chances de estar mal precificadas. Isso geralmente não acontece com tanta facilidade para as **Large Caps***. Por quê? Empresas de grande capitalização costumam ter acompanhamento maior do chamado* **Smart Money***.*

Existem vantagens em investir em *Small Caps* ao invés de concentrar o portfólio apenas em empresas mais tradicionais.

A seguir, explicamos os motivos que tornam as empresas de menor capitalização boas alternativas de investimento.

Claro que há também riscos inerentes a essa classe de ativos, mas esse assunto é tratado no Capítulo IV.

1º motivo: retorno histórico maior

Historicamente, as *Small Caps* renderam, em média, mais do que as ações de grande porte.

Isto está bem documentado em países desenvolvidos, como os Estados Unidos, que contam com um mercado de capitais de longa data. Mesmo no Brasil, com a nossa história de Bolsa mais curta, também conseguimos colher evidências neste sentido.

Alguém poderia argumentar que retornos passados não garantem retornos futuros e que o mercado americano é diferente do nosso.

São questionamentos válidos e, por isso, é preciso entender as razões econômicas dessa vantagem prolongada das ações de menor capitalização.

Essa lógica será explicada adiante. Antes, veja alguns resultados interessantes.

1ª evidência: SMLL X IBOV

O gráfico abaixo apresenta a comparação de desempenho do índice de *Small Caps* (linha majoritariamente superior) com o Ibovespa (linha majoritariamente inferior) desde 2008 até 2018. O Índice de *Small Caps* superou o Ibov em mais de 33% ao final do período.

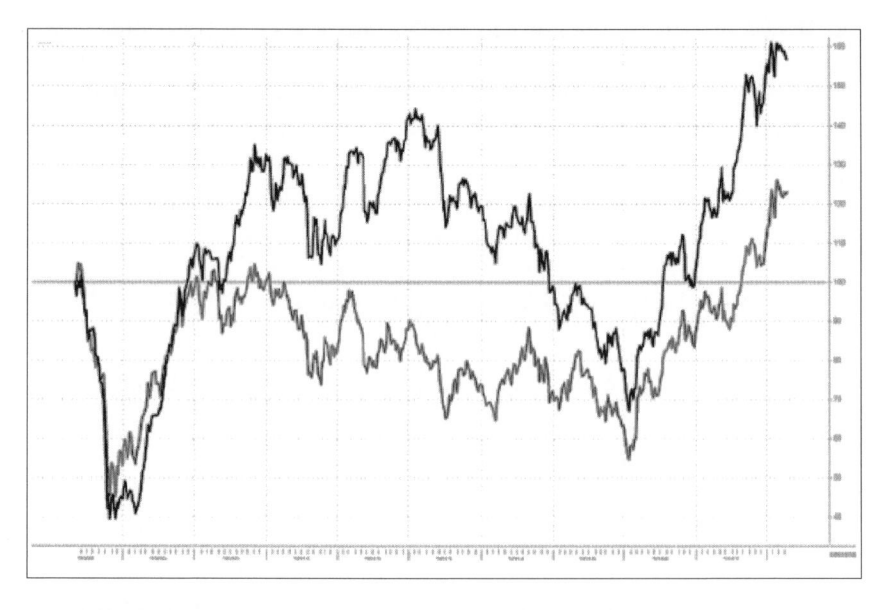

O SMLL ainda é recente em comparação com o Ibovespa e, por isso, ainda não há um histórico mais longo para fazer este estudo. Dessa forma, para complementar os resultados, realizamos um segundo estudo em um período de vinte anos.

2ª evidência: as vinte melhores

Observe novamente a tabela com as ações brasileiras de melhor desempenho entre 1998 e 2018:

Empresa	Retorno nominal a.a (Valorização + Dividendos)	Retorno real a.a	% do Ibov	% do CDI
Lojas Americ	74%	64%	551%	551%
Ferbasa	67%	57%	501%	501%
Suzano Papel	60%	51%	449%	449%
Unipar	55%	46%	408%	408%
Alpargatas	53%	44%	396%	396%
Encorpar	52%	43%	389%	389%
Eletropar	51%	43%	383%	383%
Ambev S/A	51%	42%	382%	382%
Randon Part	51%	42%	378%	378%
Grazziotin	50%	41%	374%	374%
Vale	49%	40%	366%	366%
Panatlantica	47%	39%	351%	351%
Itausa	46%	37%	342%	342%
Gerdau	45%	36%	333%	333%
ItauUnibanco	43%	34%	318%	318%
Braskem	41%	32%	303%	303%
Engie Brasil	41%	32%	302%	302%
Pettenati	38%	30%	285%	285%
BRF SA	38%	30%	284%	284%
Bradesco	38%	30%	283%	283%

Fonte: Suno Research / Economatica.

Ao separar essas empresas por capitalização de mercado da época, em ordem crescente, chegamos à seguinte distribuição:

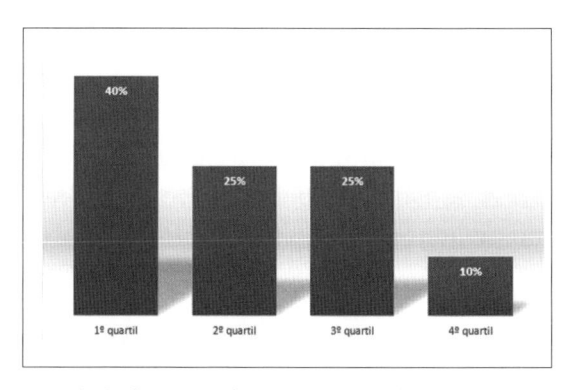

Maioria das *outperformers* eram *Small Caps* em 1998.

Podemos extrair o seguinte:

- 40% das empresas tinham capitalização de mercado abaixo de R$ 178 milhões.

- 50% das empresas valiam entre R$ 178 milhões e R$ 6,3 bilhões.

- Apenas 10% das empresas valiam acima de R$ 6,3 bilhões.

Ou seja, olhando em uma janela de tempo mais alongada, é possível observar novamente o desempenho superior das *Small Caps*.

Evidências no mercado americano

O desempenho superior das *Small Caps* também foi verificado nos Estados Unidos, em vários períodos diferentes.

Categoria do ativo	Retorno anual composto	Valor X US$ 1.000
Ações *Small Caps*	15,7%	1.965.000,00
Ações *Large Caps*	11,8%	330.000,00
Títulos de dívida corporativa	5,1%	13.300,00
Títulos de dívida do governo	4,8%	11.400,00
Títulos do Tesouro	4,3%	8.900,00

Retorno de investimentos: 1940-1991 (EUA). Fonte: Roger G. Ibbotson e Rex Sinquefield. *Stocks, Bonds, Bills and Inflation: 1992 Yearbook* (Chicago: Ibbotson Associates).

De 1940 a 1991 as menores ações da Bolsa americana retornaram 15,7% ao ano, enquanto as *Large Caps* renderam 11,8%. A diferença de 3,9%, a princípio pequena, traduziu-se em uma diferença enorme no acúmulo de patrimônio ao final de 52 anos.

US$ 100 mil aplicados em *Large Caps* transformaram-se em US$ 330 mil ao final de cinco décadas, enquanto o valor acumulado em *Small Caps* alcançou US$ 1,96 milhão. Ou seja, quem aplicou nas menores ações acumulou quase cinco vezes mais. Já em um período mais longo, a diferença se torna ainda mais avassaladora.

De 1925 a 1992, as menores ações acumularam um retorno quase 18 vezes maior do que aquele alcançado com as ações de maior capitalização.

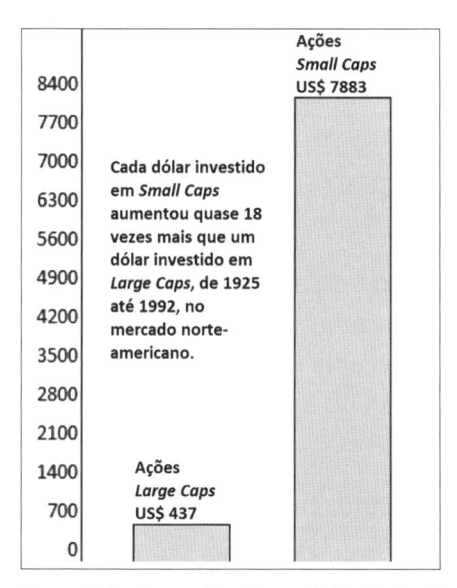

Fonte: Roger G. Ibbotson e Rex Sinquefield. *Stocks, Bonds, Bills and Inflation: 1992 Yearbook* (Chicago: Ibbotson Associates).

Small Caps sempre rendem mais?

Nem sempre.

	Retorno Total		Retorno Anual	
	Small Cap	Large Cap	Small Cap	Large Cap
1974-1982	330,78%	123,17%	17,62%	9,33%
1983-1999	426,94%	1620,69%	10,27%	18,22%
2000-2014	231,69%	84,96%	8,32%	4,19%

Fonte: Vanguard Small Cap Index Fund & S&P 500.

Na tabela anterior é feita uma comparação entre o desempenho das *Large Caps* e *Small Caps* para vários períodos. De 1974 a 1982 e de 2000 a 2014, as *Small Caps* renderam mais. Mas entre 1983 e 1999 as *Large Caps* ganharam a disputa.

Depois de dezesseis anos, um período relativamente longo, as *Small Caps* tiveram um desempenho bem pior. Isso é intrigante, dadas as fortes evidências já vistas. No entanto, é compreensível do ponto de vista econômico.

A capitalização de mercado é apenas um referencial de mercado, que não nos informa nada sobre as perspectivas de negócios das empresas.

Ainda, conforme visto no Capítulo I, os índices de *Small Caps* ignoram empresas que migram de índice por conta do bom desempenho do negócio e incluem empresas outrora importantes destinadas a desaparecer.

Logo, para o investidor que tivesse feito uma seleção de *Small Caps* com mais cuidado, os resultados provavelmente teriam sido bem melhores.

Mesmo assim, permanece espantoso o fato de uma estratégia tão simples quanto escolher ações de menor capitalização ter gerado retornos tão altos no longo prazo. É necessário, assim, entender a origem do diferencial de retorno dessa classe tão especial de ações.

Por que *Small Caps* tendem a render mais?

Existem dois motivos que explicam, em boa medida, o desempenho superior das *Small Caps*.

a) Mercado menos eficiente

Em média, ações de menor capitalização têm maiores chances de estar mal precificadas. Isso geralmente não acontece com tanta facilidade para as *Large Caps*. Por quê? Empresas de grande capitalização costumam ter acompanhamento maior do chamado *Smart Money*.

O *Smart Money* é composto basicamente pelo capital de gestoras de investimentos, fundos de pensão, fundos soberanos, seguradoras, tesourarias de bancos e grandes investidores. São investidores profissionais que se dedicam integralmente à busca de boas oportunidades no mercado financeiro.

Havendo uma quantidade tão grande de analistas focados nessas companhias, é muito mais difícil que algum investidor individual consiga ter uma visão única da companhia e enxergar uma oportunidade que ainda não foi descoberta pelo restante dos participantes do mercado.

A competição para encontrar bons negócios é simplesmente muito maior. Dessa forma, as ações costumam ser mais bem precificadas.

Quando falamos de Petrobras, por exemplo, existem dezenas de analistas estudando a empresa. Tanto aqueles independentes como os que trabalham para fundos (*Buy-Side*) ou mesmo aqueles vinculados às corretoras e bancos de investimento (*Sell-Side*).

Já no caso das *Small Caps,* a competição é menor, por conta do menor volume de negociação (liquidez) dos papéis.

Fundos com centenas de milhões de reais teriam muita dificuldade em montar e desmontar posições nos preços e momentos desejados. Mesmo que a montagem pudesse ser feita de maneira gradual, o maior problema seria na hora de desmontar as posições.

Como os cotistas têm o direito de solicitar o resgate quando desejam, se esse resgate fosse muito acima do previsto pelo gestor, ele teria de vender ações menos líquidas para honrá-lo.

Nesse caso, provavelmente, haveria uma pressão no preço, o que geraria um desempenho negativo no fundo, estimulando novo resgate de cotistas, e assim por diante. Ou seja, inicia-se aí um ciclo destrutivo que pode vir a quebrar uma gestora, como já ocorreu no passado, aqui no Brasil.

Por isso, existem papéis que os fundos de investimento nem consideram para suas carteiras, mesmo que sejam ótimas oportunidades. É nítida a preferência das grandes gestoras por ações de maior capitalização.

Já no caso de analistas de corretoras (*Sell-Side*), a motivação é diferente. É de interesse dessas instituições gerar receita de corretagem. Como as *Large Caps* costumam ter mais negócios, então naturalmente os analistas da corretora acompanham mais esses papéis, ainda que de forma independente.

Vale destacar que as corretagens estão baixando na indústria inteira e as corretoras estão ampliando o seu leque de cobertura.

No caso de bancos de investimentos, o foco também está em empresas de maior porte, pois os clientes do departamento de *research* do banco geralmente são investidores institucionais.

A cobertura da mídia também é maior conforme o tamanho da empresa. Negócios grandes empregam mais gente, pagam mais impostos e servem muito mais clientes.

Já quando falamos de *Small Caps*, a cobertura é consideravelmente menor. As empresas de menor porte muitas vezes são completamente desconhecidas da maioria dos investidores e do mercado.

Como já foi dito, quando recomendamos a Unipar via Suno Research, éramos os únicos a cobrir a empresa e conseguimos ser muito bem-sucedidos com nossa recomendação.

Com menor cobertura de analistas qualificados, quem se dispõe a realizar um estudo aprofundado, por conta própria, tem maiores chances de encontrar uma boa oportunidade.

Vale lembrar que a presença de novas casas de *research* independentes tornou o ambiente das *Small Caps* mais competitivo.

Por isso, assinar uma dessas casas pode ser uma decisão mais inteligente do que tentar competir por conta própria, especialmente para aqueles investidores que não querem dispor do seu tempo para isso.

Como as assinaturas possuem valor fixo, o impacto sobre o patrimônio tende a se diluir com o tempo. Além disso, os relatórios são recheados de conteúdo educativo, proporcionando uma aceleração na curva de aprendizado do investidor.

b) Maior universo de oportunidades empresariais

Outra razão pela qual as *Small Caps* são mais vantajosas não diz respeito às condições de mercado, mas às condições de negócio. Existem muito mais caminhos para um negócio pequeno crescer do que para uma empresa consolidada.

Quando uma empresa se torna madura, fica bem mais difícil continuar o crescimento na mesma velocidade de quando o negócio tinha uma escala bem menor.

Como exemplo, temos a Ambev. O *market share* da fabricante de cervejas é de quase 70% do mercado nacional. Mesmo que a companhia detivesse 100% do mercado, o que é improvável, o seu lucro só dobraria (mantendo as margens constantes) caso o mercado consumidor de cerveja crescesse cerca de 57%. Isso é difícil de acontecer, pois esse já é um mercado consolidado.

Claro que as empresas tentam sempre melhorar suas margens ou acessar novos mercados, mas chega um momento em que simplesmente não é mais possível crescer como antigamente.

Warren Buffett ressaltou diversas vezes, em suas cartas anuais, que os acionistas da Berkshire não deveriam esperar os mesmos resultados de períodos anteriores.

O histórico de crescimento de sua empresa, a Berkshire Hathaway, demonstra isso: quando a *holding* era menor, as taxas de crescimento patrimonial e de lucros eram bem maiores, declinando com os anos.

Quando Buffett geria muito menos capital, havia diante dele muito mais oportunidades de rentabilizá-lo do que quando ele passou a trabalhar com dezenas de bilhões de dólares.

Para uma companhia de grande porte crescer, não basta uma boa oportunidade. Precisa ser uma oportunidade grande também.

Esse não é o caso das *Small Caps,* que, por terem uma escala muito menor de operação, conseguem crescer mais rapidamente. Às vezes, um novo contrato muda o tamanho do negócio.

Não custa relembrar: nem toda *Small Cap* é um negócio pequeno e nem todo negócio pequeno é uma *Small Cap*. Por isso, atenção.

Veja o caso da Sinqia. A empresa é centenas de vezes menor do que o Itaú. Intuitivamente, uma companhia desse tamanho tem um potencial de crescimento muito maior do que um banco já consolidado.

É improvável que a companhia consiga alcançar o tamanho do Itaú, mas, mesmo que só atinja 5% do seu tamanho no longo prazo, por exemplo, a empresa ficaria mais de trinta vezes maior.

Tamanho pequeno nem sempre é documento

O exemplo anterior foi simplificado. É preciso qualificar o fato de que não é por uma empresa ser pequena que suas chances de crescer são maiores. Porém, as chances de maior crescimento estão concentradas em negócios menores.

Basta perceber que a maior parte das empresas do país é composta por negócios de bairro, como padarias, cabeleireiros, botecos, lojas de roupas, restaurantes e cafeterias, entre outros.

São esses negócios que movem a Economia, mas a maioria deles não consegue ganhar escala para crescer. Seja por falta de competência, concorrência, disposição dos donos ou outros fatores. Também há um giro enorme nesses negócios, pois a maioria das empresas quebra no Brasil após alguns anos de atividade.

Claro que, na Bolsa de Valores, estamos diante de empresas mais consolidadas e que têm maiores chances de vir a crescer. Mas, de novo, apenas algumas irão se tornar negócios multibilionários daqui a décadas.

É preciso que a companhia, de fato, consiga implementar sua estratégia de crescimento com eficiência, sempre prezando pela geração de valor aos seus acionistas.

Mas não há motivo para desânimo. É preciso trabalhar duro para encontrar as boas oportunidades.

Lembre-se de que toda *Large Cap* um dia já foi uma *Small Cap*. Então, certamente, algumas companhias conseguirão crescer de modo significativo.

O próprio Itaú, no passado, possuía um valor de mercado muito pequeno. Dentro do portfólio da Itaúsa (*holding* que é sua controladora), tinha uma representatividade similar à de outros negócios.

Porém, com o crescimento expressivo do banco, ao longo das décadas, com grandes ganhos de escala e a consolidação do segmento bancário, o Itaú conseguiu chegar onde está no momento em que este livro foi escrito: entre os três maiores bancos privados do Brasil.

As Lojas Renner são outro exemplo de extraordinária criação de valor ao longo dos anos. A empresa era uma marca importante no Rio Grande do Sul, mas ainda muito longe da escala de C&A, Mappin e Mesbla.

No entanto, devido a uma mudança radical de cultura, voltada para o encantamento do cliente, junto ao comando de José Galló, com *know-how* administrativo da JC Penney e uma estrutura de incentivos adequada, o negócio deslanchou.

Surgiu uma oportunidade de ouro quando a Renner conseguiu ampliar sua presença nacional a partir da incorporação de vários pontos da Mesbla e Mappin, que viriam a quebrar. Em um ano e meio, foram abertas 28 lojas.

Para termos uma ideia, passaram-se de três a quatro décadas para que a Renner tivesse 21 lojas. Isso dá a ordem de grandeza do desafio, que levou a varejista para um patamar muito superior.

2º motivo: diversificação granular

O segundo motivo para considerar *Small Caps* dentro de um portfólio de ações é a possibilidade de melhorar a diversificação de riscos dentro da carteira.

A verdade é que a maior parte das ações da Bolsa é de empresas de menor porte. Assim, excluir esse importante segmento significa abrir mão de vários nichos de negócios que poderiam complementar o portfólio.

Alguns dados referentes a outubro de 2018:

- 67% das empresas negociadas na B3 com boa liquidez possuíam valor de mercado abaixo de R$ 4 bilhões.
- 45% das empresas possuíam valor de mercado abaixo de R$ 1 bilhão.
- Nos EUA, 48% das empresas negociadas em Bolsa possuíam valor de mercado abaixo de US$ 1 bilhão.

Por exemplo, dentro do setor imobiliário, existem negócios completamente diferentes na B3:

- Construção civil para alta renda.
- Construção e aluguel de galpões logísticos.
- Reforma de prédios corporativos.
- Exploração de *shoppings*.

Já no setor financeiro, não há por que se limitar apenas aos grandes bancos. Existem empresas mais focadas, como:

- Seguradoras.
- Prestadoras de serviços de TI para o setor financeiro.
- Bancos digitais.
- Bancos de investimentos.
- Corretoras de seguros.

Ao buscar nichos de negócios específicos, o investidor consegue escolher os fatores de riscos aos quais deseja se expor e entender melhor os diversos setores da Economia.

3º motivo: tratamento fiscal vantajoso no Brasil

Algumas *Small Caps* gozam de um benefício fiscal que isenta o investidor de recolher o imposto de renda sobre ganho de capital, mesmo acima do limite de R$ 20 mil mensais.

Essa isenção vale até 2023 e é dada pelo Artº 16 da Lei 13.0443/14:

http://www.planalto.gov.br/ccivil_03/_Ato2011-2014/2014/Lei/L13043.htm

Quando a lei foi promulgada, a CVM disponibilizou a lista de ações que tinham esse benefício na época, relacionadas a seguir:

- AGRO3 – BrasilAgro.
- CRDE3 – CR2 Empreendimentos Imobiliários S/A.
- GSHP3 – General Shopping.
- HRTP3 (convertida em PRIO3) – PetroRio.
- NUTR3 – Nutriplant Indústria e Comércio S/A.
- RNAR3 – Pomifrutas S/A.
- SNSL3 (convertida em SQIA3) – Senior Solution / Sinqia.

No entanto, a autarquia não ficou obrigada a atualizar essa lista. Assim, o investidor que quiser saber se outra ação fora dessa lista possui o benefício fiscal deve consultar o departamento de relações com investidores da empresa ou o seu prospecto.

IV
RISCOS

É importante que se tenha atenção redobrada em relação à saúde de um balanço de Small Cap, dando preferência para aqueles negócios com baixo endividamento e uma posição de caixa confortável.

O principal risco de comprar uma *Small Cap* é o risco do negócio. Isto é evidente, pois as ações são apenas um veículo para adquirir participações societárias e a capitalização de mercado não nos informa nada sobre a sociedade em si. Daqui extraímos um corolário muito importante:

> Uma *Small Cap* pode ser muito menos arriscada do que uma *Large Cap*. E vice-versa.

É comum ouvir de iniciantes a preferência por papéis de empresas famosas como Petrobras, Vale e Gerdau; como se estas empresas carregassem um risco menor por causa do seu grande tamanho.

Às vezes, sim. Às vezes, não. Outrora relevantes, nomes como Transbrasil, Varig e Vasp sumiram do ar, com o perdão do trocadilho.

Rede Tupi, TV Manchete, Gazeta Mercantil, Mappin, Mesbla, Arapuã, Lojas Brasileiras, Banco Nacional e Bamerindus. Todas essas companhias deixaram de existir. No momento em que este livro foi escrito, Eternit, Oi, Via Varejo e Paranapanema lutavam para se reerguer.

É preciso avaliar diversos riscos como, por exemplo:

- Risco concorrencial.

- Risco de obsolescência.

- Risco regulatório.

- Risco jurídico.

- Risco ambiental.

- Exposição cambial.

- Alavancagem financeira.

- Riscos de contratos de receitas.

- Riscos de contratos com fornecedores.

- Conflitos de interesses com controladores e executivos.

Menor liquidez

As ações de *Small Caps* possuem, em média, menor liquidez do que as ações de *Large Caps*. Assim, é mais difícil montar e desfazer posições com relação ao preço, no momento e na quantidade desejada de uma determinada ação.

No dia 30 de abril de 2018 analisamos o volume de negociação e o número de negócios das empresas com valor de mercado inferior a R$ 5 bilhões.

Os resultados foram bem amplos. O volume de negociação variou desde R$ 50 milhões por dia até zero, ou seja: nenhum negócio. De forma análoga, o número de negócios variou desde alguns milhares até nenhuma transação.

Das 203 empresas incluídas nesse estudo, 21% não tinham qualquer liquidez, 49% negociavam acima de R$ 100 mil por dia e 30% negociavam mais de R$ 1 milhão, configurando um espectro bem amplo no aspecto de liquidez.

Para a maioria dos investidores, a liquidez não será um impedimento, visto que irão aportar algumas centenas ou milhares de reais. Contudo, uma pequena parcela de aplicadores pode ser prejudicada com a baixa liquidez de alguns papéis, sobretudo aqueles aplicadores com aportes mais volumosos.

Custo de capital mais elevado

Por conta da menor liquidez das ações, as *Small Caps* podem ter mais dificuldade de emitir novas ações, seja com ofertas primárias ou secundárias. Isto porque a maior parte do capital investido em ações é de propriedade de investidores institucionais (fundos, principalmente) e esses investidores trabalham com milhões ou bilhões de reais.

Então, pode ser necessário para a companhia oferecer bons descontos na emissão das ações, o que acaba prejudicando os atuais acionistas. Além disso, é um pouco mais raro encontrar emissões de dívida no mercado de capitais em ofertas públicas. *Small Caps* não emitem debêntures com tanta frequência. Mas há o atenuante de que, como o mercado de dívida tem baixa liquidez no Brasil, o aspecto primário é o fundamento do negócio em si e a capacidade da companhia em honrar seus compromissos.

Novamente, a menor liquidez desses títulos acaba aumentando o custo destas emissões.

Independência ou morte

Small Caps costumam ser empresas de menor porte e, portanto, não geram e distribuem tanta riqueza, quando comparadas com as grandes companhias nacionais. Essa riqueza pode envolver impostos, pagamentos aos fornecedores, remuneração aos empregados, juros aos credores e dividendos aos acionistas.

Dessa forma, em caso de necessidades financeiras, são remotas as chances de que a companhia consiga algum tipo de ajuda dos governos ou dos bancos públicos para se manter de pé. É o que se chama de *Bailout*. Apenas grandes negócios conseguem esse tipo de ajuda. No início de 2019, a GM anunciou que iria sair do Brasil devido à baixa lucratividade. Resultado: conseguiu isenções fiscais.

Imagine o impacto nas contas públicas do Rio de Janeiro, caso a Petrobras falisse. Ou, então, perceba a importância dos grandes bancos no sistema financeiro e na economia do país. Alguns negócios são tão relevantes na Economia que conseguem esse tipo de benesse em caso de extrema dificuldade financeira.

O caso da Oi, que iniciou seu processo de recuperação judicial em 2016, expõe um pouco disso. Nas palavras do juiz titular do caso, Fernando Cesar Ferreira Viana:

> *"O grupo em recuperação é de suma relevância para a economia, não só do Estado do Rio de Janeiro, mas de todo o território nacional. É responsável por: i) 20% da telefonia celular do Brasil; ii) operação exclusiva a 3.000 municípios que só possuem a OI como operadora; iii) prestação de serviço em 5.570 municípios brasileiros; iv) 70 milhões de usuários; v) 140 mil empregos; vi) interligação de 2.238 Zonas e 12.969 Seções eleitorais dos Tribunais Regionais Eleitorais de 21 Estados da Federação, fundamental para a totalização dos resultados das eleições em todo o país.*
>
> *O complexo empresarial tem receita líquida expressiva e desempenha serviços públicos e privados inequivocamente essenciais para a população brasileira. Gera dezenas de milhares de empregos diretos e indiretos, bem como recolhe, ao Poder Público, bilhões de reais a título de tributos."*

É importante que se tenha atenção redobrada em relação à saúde de um balanço de *Small Cap*, dando preferência para aqueles negócios com baixo endividamento e uma posição de caixa confortável.

Maior volatilidade

Small Caps são mais voláteis do que a média das ações da Bolsa. Isto significa que variações de cinco, dez, vinte por cento – tanto para mais como para menos – são mais frequentes.

Isto pode afugentar os investidores iniciantes, que ainda não se acostumaram com a natureza dinâmica dos preços de mercado. Por outro lado, a volatilidade mais elevada também abre janelas de oportunidades mais frequentes para quem estiver atento.

Menor transparência

Algumas *Small Caps* possuem menor transparência quanto às informações prestadas ao mercado, pois várias companhias estão listadas em segmentos da B3 que permitem um nível menor de *disclosure* (termo contábil relativo à divulgação de informações financeiras, com foco em transparência dos dados).

Apesar de existirem algumas informações obrigatórias pela regulação, ainda assim há bastante margem para a companhia poder resumi-las.

Em muitos casos, as companhias não dispõem de tamanho suficiente para comportar um departamento completo de relações com investidores. Não há margem para desperdiçar dinheiro em atividades fora do foco principal da sociedade.

Além disso, pode ser que os administradores não estejam dispostos a divulgar informações estratégicas, que possam vir a ser acessadas por competidores ou fornecedores. Como exemplo, temos a Metisa, que comenta muito brevemente os resultados de cada trimestre e que será objeto de uma análise mais aprofundada no capítulo VI.

Por um lado, isto é algo negativo, pois impede que novos investidores conheçam melhor os negócios da companhia e possam avaliar melhor as perspectivas do seu investimento.

Porém, devido ao acúmulo de funções, em alguns casos, o investidor consegue um acesso mais fácil ao *top management* (alto comando da empresa), que acaba ficando também responsável por se comunicar com o mercado.

O que importa para o acionista, em última instância, é que a companhia gere lucros sustentáveis, de preferência cada vez maiores.

É mil vezes preferível uma empresa com baixo *disclosure* e muito resultado do que apresentações de *Power Point* que não enchem os bolsos dos investidores.

V
ROTEIRO BÁSICO DE ANÁLISE

A recomendação é preservar o capital. Então, desde já, devemos buscar empresas com um longo histórico de lucratividade.

Este capítulo aborda o que consideramos os passos básicos para analisar *Small Caps*. O escopo deste roteiro é abrangente: sua lógica também pode ser aplicada para avaliar uma empresa maior, ainda que não seja *Small Cap*.

Delimitando os candidatos

O passo inicial para encontrar uma *Small Cap* é saber onde procurá-la. Uma boa fonte é o índice de *Small Caps* da Bolsa de Valores de São Paulo.

A composição atualizada do Índice Small Cap (SMLL) é divulgada nesta página da B3 – vide *"Índice Small Cap (SMLL)"* e "Composição da carteira":

http://www.b3.com.br/pt_br/market-data-e-indices/indices/indices-de-segmentos-e-setoriais/

Como visto no capítulo I, esse índice não incorpora as ações de baixa liquidez e as ações de empresas em processo de recuperação judicial.

Para ampliar o leque de escolhas, podemos também abrir a composição dos fundos de *Small Caps* e colher algumas ideias.

Até o momento não existe uma ferramenta eficaz para encontrar todos os fundos categorizados dessa forma. No entanto, é possível conseguir uma boa lista através da Central de Sistemas da CVM. O primeiro passo é abrir o *link* a seguir e clicar sobre "Consulta a Fundos":

http://sistemas.cvm.gov.br/

Reprodução de tela da Central de Sistemas da CVM em 02 de julho de 2019.

O segundo passo é clicar em "Fundos de investimento":

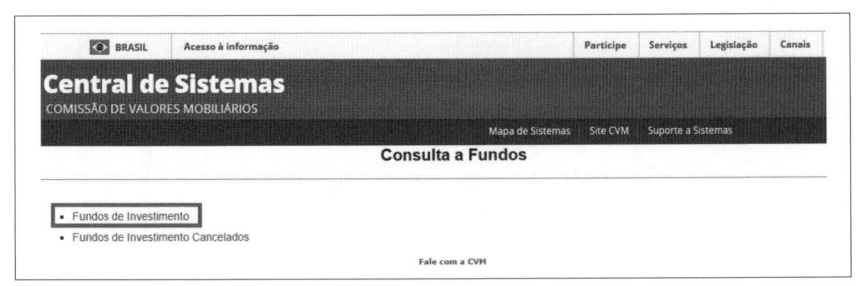

Reprodução de tela da Central de Sistemas da CVM em 02 de julho de 2019.

Na tela que se abrirá, basta escrever "SMALL CAPS" em cima, escolher "FDOS DE INVESTIMENTO" no meio, e digitar o código de verificação no campo inferior:

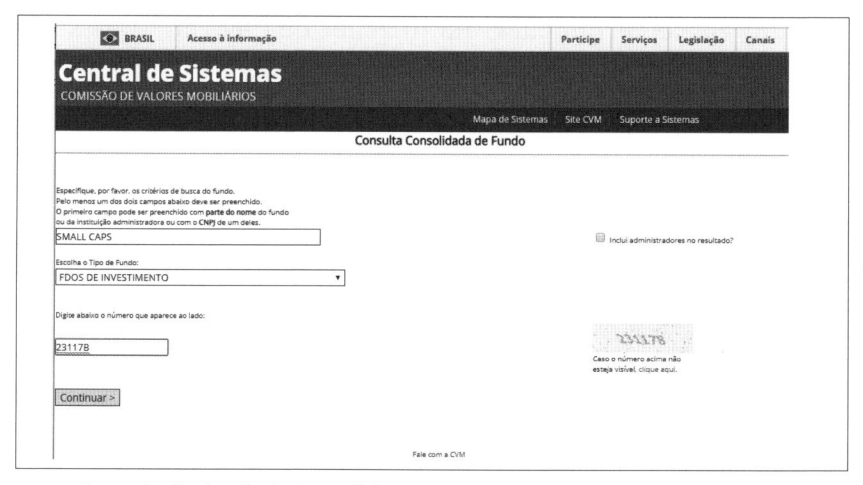

Reprodução de tela da Central de Sistemas da CVM em 02 de julho de 2019.

Na tela seguinte estarão listados todos os fundos de investimento que contenham as palavras "SMALL CAPS" no seu nome. Basta clicar em cada um deles.

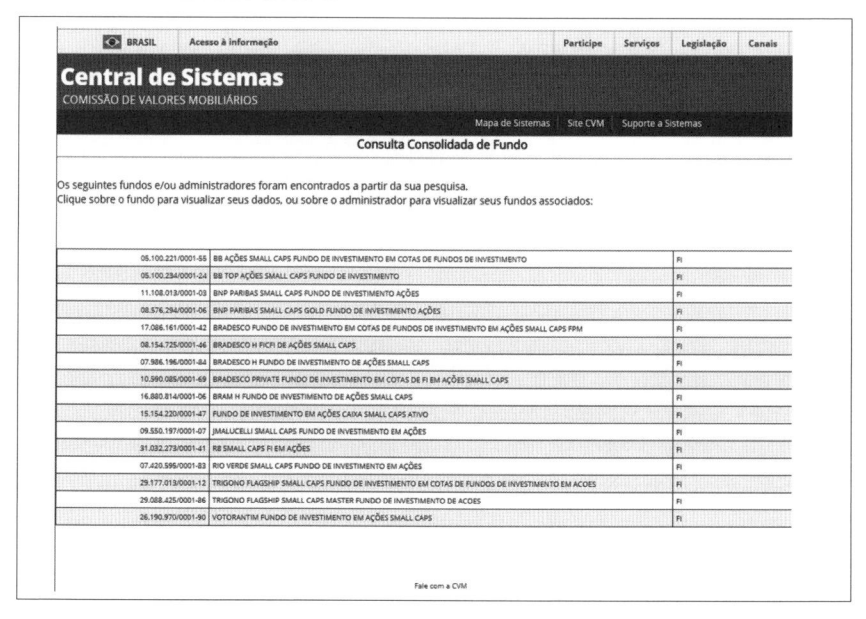

Reprodução de tela da Central de Sistemas da CVM em 02 de julho de 2019.

Existem várias ferramentas na Internet que avaliam o desempenho dos fundos. Assim, uma recomendação é abrir a carteira daqueles que ostentam desempenhos acima da média durante muitos anos.

Para essa demonstração, no entanto, escolheremos um fundo aleatoriamente. Ao clicar no nome, será preciso inserir um novo código de verificação e clicar novamente no nome do fundo.

Na tela seguinte, basta clicar em "Composição da Carteira":

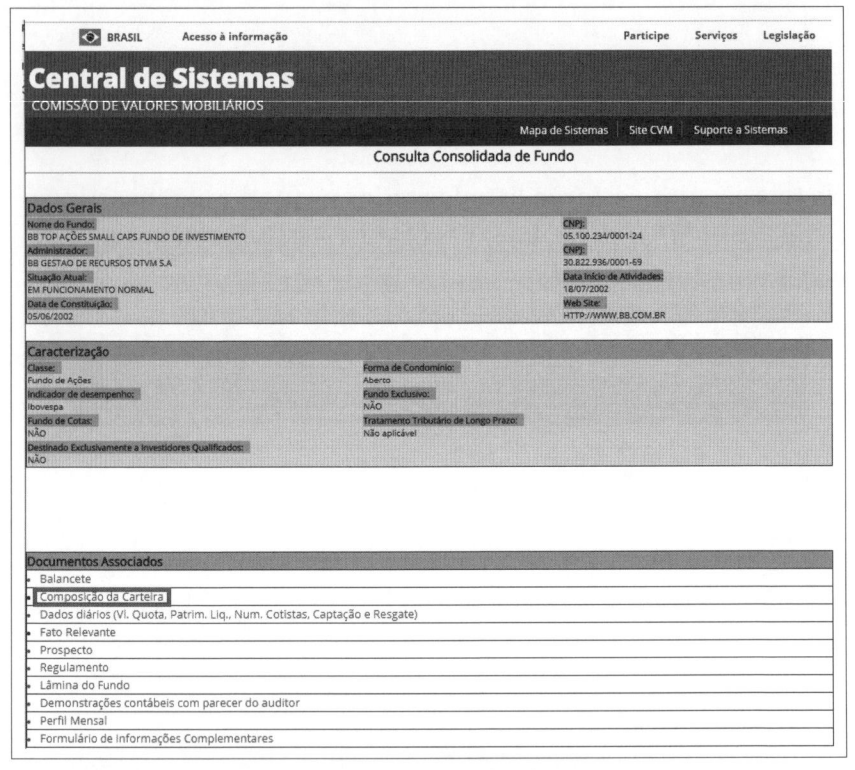

Reprodução de tela da Central de Sistemas da CVM em 02 de julho de 2019.

É facultativo ao gestor esconder suas posições por até dois meses. Ou seja: para boa parte dos fundos, especialmente aqueles mais seguidos, vemos os dados com um atraso de três meses. Nestes casos, basta trocar a competência na parte de cima da tela.

Reprodução de tela da Central de Sistemas da CVM em 02 de julho de 2019.

Pronto. Serão apresentadas todas as posições em ações do fundo, assim como os percentuais na coluna mais à direita. Ao repetir esse procedimento para outros fundos, podemos rechear nosso catálogo. Pode acontecer também de o percentual ser negativo. Nesse caso, o gestor está alugando ações para apostar em sua queda (*short*).

Outra possibilidade é o fundo de *Small Caps* não ter "SMALL CAPS" no seu nome e, mesmo assim, investir nesses papéis. Nesse caso, é preciso conhecer a estratégia individual de cada gestor.

Geralmente, os fundos de maior porte estão disponíveis nas plataformas de investimento, enquanto os outros ficam escondidos no mercado ou mesmo estão fechados para captação. Já existem alguns *sites*, como Magnetis (https://magnetis.com.br/) e Mais Retorno (https://maisretorno.com/), que possuem uma ótima base de fundos (acessados em julho de 2020).

Também é interessante visitar os *sites* das corretoras, pois algumas divulgam gratuitamente suas carteiras recomendadas.

Deve ser lembrado apenas que a maioria dos fundos não contém papéis com baixa liquidez. Algumas ações simplesmente não têm investidor institucional na sua base acionária, somente pessoas físicas.

Precisamos buscar quais são essas ações que os fundos ignoram. Uma boa forma de fazer esse garimpo de liquidez é pelo filtro disponível no *site* Fundamentus: http://www.fundamentus.com.br/buscaavancada.php.

Para o exemplo a seguir, escolhemos R$ 50 mil (50000) como limite diário máximo de negociação e clicamos em "BUSCAR" no canto da página.

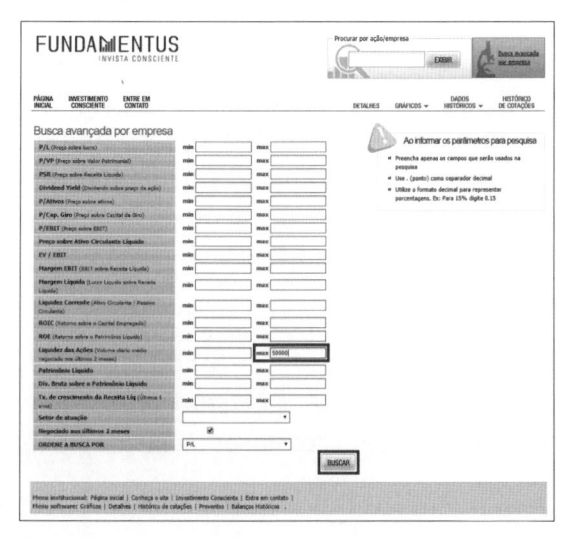

Reprodução de tela do *site* Fundamentus em 02 de julho de 2019.

Uma página será aberta com a lista de todas as ações que passam neste filtro.

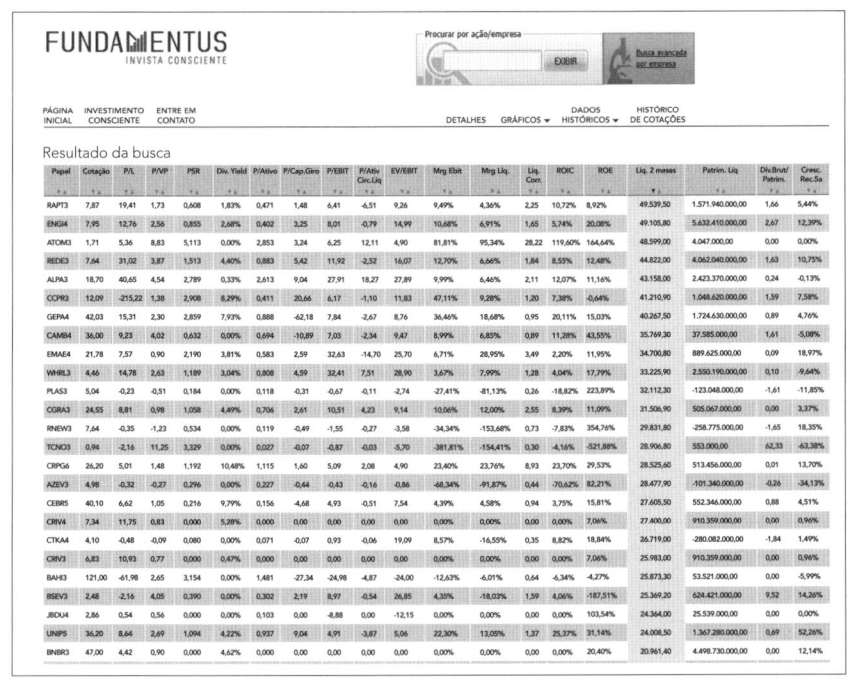

Reprodução de tela do *site* Fundamentus em 02 de julho de 2019.

Deste modo, podemos conhecer outras empresas para nossas investigações. Essa tabela também contém outros indicadores úteis na análise. É possível ordenar a lista em ordem crescente ou decrescente, de acordo com cada coluna.

Começando pelo mais fácil

Conforme vimos no Capítulo II, existem várias estratégias para ganhar dinheiro com *Small Caps*. No entanto, algumas exigem um pouco mais de experiência do investidor e embutem maiores riscos.

De início, a recomendação é preservar o capital. Portanto, desde já, devemos buscar empresas com um longo histórico de lucratividade.

Algumas empresas são novatas na B3, então damos preferência para aquelas com histórico mais longo, com o mínimo de oito anos.

Buscaremos os dados financeiros na plataforma gratuita PenseRico: https://plataforma.penserico.com/dashboard.pr

Essa plataforma tem limites. Por isso, é importante saber como calcular os indicadores manualmente – ou em uma planilha.

A página inicial apresenta uma série de empresas. Ao clicar sobre o quadro de uma delas, uma página específica se abre com vários indicadores fundamentalistas.

O primeiro indicador que vamos observar é o **Lucro Por Ação (LPA)**. Para fins didáticos, omitiremos o nome da empresa do estudo.

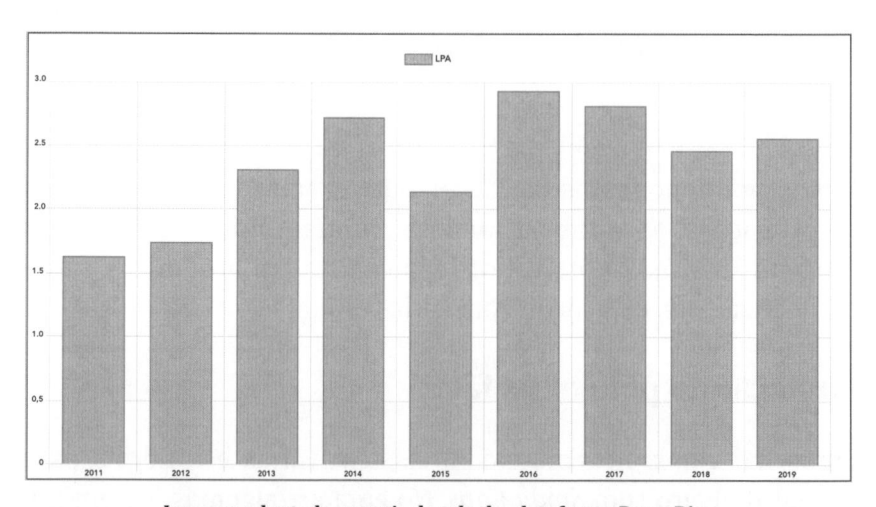

Imagem adaptada a partir de tela da plataforma PenseRico
em 02 de julho de 2019.

Esse é um padrão de lucros sólidos e crescentes ao longo do tempo, no caso entre 2011 e 2019. Mesmo passando por um período difícil na Economia do Brasil, essa empresa conseguiu lucrar significativamente.

É fundamental atentar para prazos longos no histórico, pois amostras curtas podem oferecer uma visão completamente equivocada da qualidade dos lucros de determinada companhia.

Para quem preferir calcular o LPA por conta própria, basta aplicar a seguinte fórmula:

> *O LPA é equivalente ao lucro líquido da empresa (nos últimos doze meses) dividido pela quantidade de ações emitidas (excluídas as ações em tesouraria).*

Sendo mais conservador, para algumas empresas é possível também calcular o LPA diluído, que já leva em conta o aumento no número de ações emitidas decorrente do exercício de planos de opções e eventualmente de conversões de dívidas.

Os dados contábeis podem ser encontrados nas seguintes fontes:

- Central de Sistemas da CVM: http://sistemas.cvm.gov.br/.
- Página da companhia dentro do *site* da B3: http://www.b3.com.br/pt_br/produtos-e-servicos/negociacao/renda-variavel/empresas-listadas.htm (*link* acessado em 03 de agosto de 2020).
- *Site* de relações com investidores (RI).

É necessário conhecimento básico de Contabilidade para saber procurar os dados contábeis e, eventualmente, quais ajustes realizar para que reflitam a realidade econômica da sociedade anônima.

Algumas empresas podem reportar um desempenho atipicamente bom ou ruim em algum período, devido a efeitos contábeis não recorrentes.

A maioria das companhias costuma divulgar trimestralmente um *release* de resultados e uma apresentação em conjunto. Esses documentos costumam explicitar ajustes não recorrentes, assim como métricas pró-forma já ajustadas.

Ao observamos um histórico longo, os resultados não recorrentes acabam sendo neutralizados no tempo. No entanto, variações muito abruptas de um ano para outro merecem maior investigação.

Uma recomendação para quem quiser ter mais segurança de que os lucros das empresas se convertem em caixa, de fato, é atentar para o histórico de pagamento de dividendos na plataforma PenseRico.

Lucro sem dividendos, dividendos sem lucro ou dividendos muito acima do lucro são sinais de alerta.

Outra recomendação é de leitura: a Suno Research publicou o *Guia Suno de Contabilidade para Investidores: Conceitos contábeis fundamentais para quem investe na Bolsa*, de Tiago Reis e Jean Tosetto, uma ótima introdução ao tema, disponível em versão impressa e também em *e-book* na Amazon: https://amzn.to/2ROsGMU

Evitando empresas excessivamente endividadas

É importante compreender que as dívidas não são necessariamente ruins para as empresas. O capital de terceiros é uma fonte de recursos válida, desde que seja utilizado com moderação e controle.

Toda companhia pode escolher levantar capital próprio ou de terceiros para financiar suas atividades.

No primeiro caso, não existe obrigação contratual de remunerar os acionistas com juros fixos. Entretanto, se esse capital aportado na sociedade for mal empregado, ocorrerá uma diluição injustificada na participação dos acionistas antigos. Fazendo uma analogia, é como se a torta crescesse, mas a fatia de cada um diminuísse.

Como as ofertas de ações costumam ser apresentadas em momentos de euforia, a decepção com as expectativas dessa emissão provavelmente levará os novos investidores ao prejuízo.

Há uma lógica econômica bem estabelecida de que acionistas demandam maiores retornos do que os credores. Por isso, as companhias evitam emitir capital próprio. Contrair dívida costuma ser mais barato, ainda que a pressão sobre o caixa seja maior.

Claro que em situações de estresse financeiro – o caso de empresas em recuperação judicial – não resta outro caminho aos acionistas que não seja injetar mais dinheiro na companhia.

A maior parte das dívidas costuma não ser conversível em ações, mas todas exigem um cronograma de pagamentos, já incluídos os juros. Portanto, caso essas dívidas não sejam aplicadas em projetos rentáveis a ponto de honrar os pagamentos aos credores e ainda sobrar algo, o lucro cairá, podendo se converter em prejuízo.

Como investidores prudentes, queremos evitar tal situação. Em função disso, um segundo filtro na nossa análise é procurar por negócios com balanços sólidos.

Os casos mais óbvios são aqueles em que a empresa não possui dívidas (dívida bruta nula) ou a situação em que o caixa é maior do que a dívida bruta (dívida líquida negativa).

A dívida bruta é a soma dos empréstimos, financiamentos e debêntures de curto e longo prazo. Já a dívida líquida é igual à dívida bruta, descontados o caixa e aplicações financeiras de alta liquidez.

Para o primeiro caso, basta realizar um filtro no *site* Fundamentus, nos moldes já vistos na etapa anterior.

Como exercício, filtramos as companhias até o limite de 10% da relação entre Dívida Bruta (DB) e Patrimônio Líquido (PL). No filtro do *site* digitamos "0.1" no campo denominado como "Dív. Bruta sobre o Patrimônio Líquido". Deste modo, obtivemos a tabela a seguir, variável conforme a data da pesquisa:

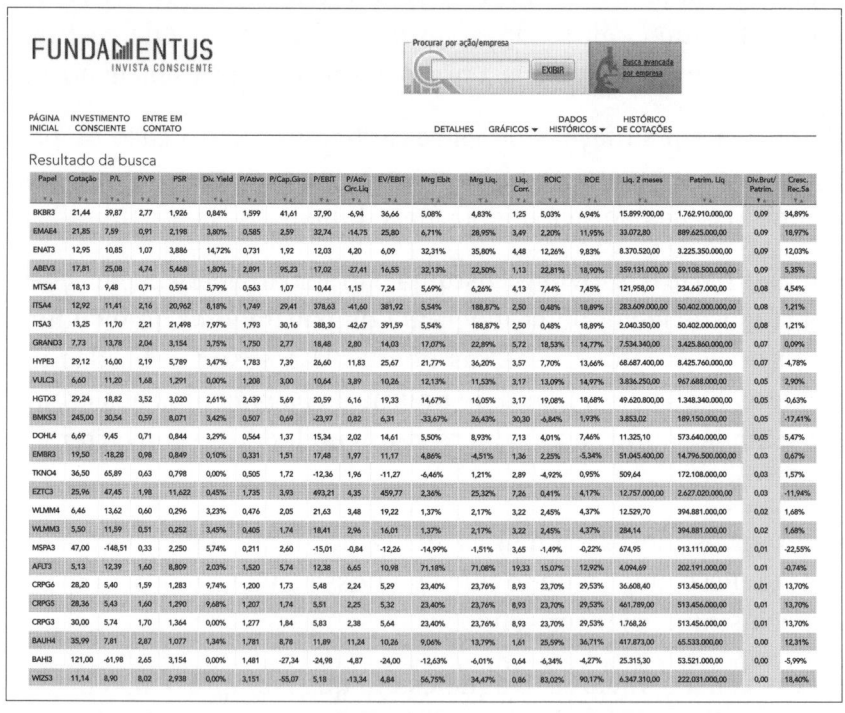

Reprodução de tela do *site* Fundamentus em 02 de julho de 2019.

Algumas empresas podem apresentar um indicador DB/PL alto,

mas a dívida líquida ser negativa. Isso ocorre quando as companhias possuem um modelo de negócios pouco intensivo em capital.

Por exemplo, no caso de varejistas que alugam a maior parte das suas lojas, o PL é baixo, pois os imóveis não são registrados no balanço.

Empresas de serviços em geral também têm uma base menor de capital imobilizado, terceirizando boa parte dos seus processos. As empresas de tecnologia igualmente costumam operar num modelo mais *Asset Light*. Mas isso não significa que esses negócios não tenham valor.

O que ocorre é que a maior parte desse valor não é reconhecida no balanço, por se tratar de algo intangível – como marcas e patentes – e que cresce com o tempo. As normas contábeis, em geral, proíbem a reavaliação positiva de intangíveis para cima desses ativos e, em alguns casos, nem mesmo são registrados.

Com certeza, a marca Google hoje vale muito mais do que há dez anos. Mas será que você consegue perceber isso somente pela leitura dos balanços?

Para os casos em que a dívida líquida for negativa, será necessário verificar essa condição, o que pode ser feito por meio da plataforma PenseRico, na aba de "INDICADORES INFORMATIVOS" dentro da apresentação de dados da empresa pesquisada.

Evidentemente, existem empresas que possuem o indicador DB/PL elevado, mas são intensivas em capital, como mineradoras e siderúrgicas, produtoras de papel e celulose, petroleiras, petroquímicas.

Também podemos encontrar empresas nessa condição com receitas muito previsíveis, como as transmissoras e geradoras de energia, assim como companhias de saneamento. Por ser um setor extremamente regulado, é natural o uso de alavancagem para melhorar o retorno dos projetos vencidos em leilão.

Não necessariamente um indicador DB/PL elevado significa que a dívida é insustentável. No final das contas, o que importa para uma companhia é poder ter uma geração de caixa compatível com o serviço da sua dívida – no mínimo dos juros. Desse modo, ela pode utilizar o refinanciamento de maneira saudável.

Entretanto, para fazer essa avaliação, as plataformas gratuitas sugeridas não serão úteis. A fonte primária para encontrar esses dados são as próprias apresentações dos resultados das empresas, que costumam mostrar o indicador Dívida Líquida / EBITDA (ou EBITDA Ajustado).

É uma métrica conservadora, pois tem como premissa um processo completo de desalavancagem. Mas o custo da dívida pode ser tão baixo que vale mais a pena refinanciá-la no futuro.

Portanto, ao calcular o índice EBITDA (12 meses)/Juros, ou Resultado Operacional (12 meses)/Juros, teremos uma ótima aproximação da sustentabilidade da dívida.

O mínimo de 1,5 vez na relação entre EBITDA de 12 meses e Juros (ou Resultado Operacional de 12 meses e Juros) é uma boa referência, mas o ideal é acima de duas vezes.

Dependendo do risco do negócio e do tipo de indexador da dívida, podemos fazer alguma concessão para cima ou para baixo nesse limite.

Por exemplo, se consideramos que a inflação irá disparar e a companhia tem muitas debêntures atreladas ao IPCA (e suas receitas, não), precisamos ser mais cuidadosos.

Em outros casos, esse indicador pode estar momentaneamente elevado, mas a empresa estar buscando um crédito mais barato. Ou, então, o resultado operacional pode estar pressionado por algum fator não recorrente.

Às vezes, é estratégico para a companhia aumentar momentaneamente seu endividamento para aproveitar oportunidades e, no futuro, vir a se desalavancar.

O caso da compra da Fibria pela Suzano é exemplar. Bancos também são diferentes, pois a dívida faz parte da atividade.

Porém, esses são casos que exigem um aprofundamento maior na análise. Fiquemos no mais básico.

Ao filtrar apenas empresas lucrativas e com baixo endividamento, você já terá diminuído sensivelmente o risco de investir em ações. Com esse grupo de companhias em mão, podemos partir para a análise mais qualitativa.

O caminho das pedras

Até agora vimos alguns critérios quantitativos simples que eliminaram boa parte das candidatas a investimento. No entanto, restam ainda muitas empresas para escolher. Selecionar as ações mais promissoras dentro desse universo menor será uma tarefa mais difícil.

A partir de agora, a análise é mais qualitativa, ainda que os números nos sirvam como ótimas referências.

Talvez seja redundante lembrar, mas **desempenho passado não é garantia de desempenho futuro**. Isso vale no nível empresarial e no nível do acionista.

Via de regra, negócios que prosperaram durante muitos anos (ou décadas) não desaparecem da noite para o dia. Mesmo assim, existem exceções à regra.

Com as mudanças tecnológicas avançando num ritmo sem precedentes, é preciso cuidado redobrado para escolher o terreno onde você vai pisar.

Certa vez, alguém perguntou para Warren Buffet qual era o primeiro passo em sua análise. Sua resposta foi nas seguintes linhas:

> *"Se não consigo ter uma grande confiança de que este negócio lucrará 10, 15 anos à frente, está descartado".*

Certeza ninguém tem, mas a ideia é tentar aproximar a direção dos resultados de determinada companhia. E, para isso, **precisamos pensar de forma probabilística.**

Pouquíssimas variáveis estão em controle do investidor. Porém, o que ele deve fazer bem feito é:

- Escolher quando, quanto e em quais ações investir.
- Estudar diligentemente cada empresa.
- Montar um portfólio bem diversificado.

Na parte de "quando investir", temos um segundo obstáculo para o investimento em ações. Mesmo acertando quais serão aquelas empresas que lucrarão muito mais no futuro, **o preço atual já pode estar levando isto em conta.**

Por isso, a disciplina do *Valuation* é essencial para quem quiser melhorar o seu desempenho ao longo do tempo. Veremos algumas noções básicas de *Valuation* no final do capítulo.

Foquemos agora no dever de casa de conhecer os negócios que estamos comprando, utilizando três fontes básicas:

- Formulário de Referência.
- *Site* de RI (Relações com Investidores) da empresa.
- Apresentação Institucional.

Dentre as três, o Formulário de Referência (FR) é o documento mais completo, sendo de divulgação obrigatória na CVM, no *site* de RI e na página da empresa dentro do portal da B3.

Já o *site* de RI é como se fosse uma grande vitrine da companhia. Lá é possível navegar em vários menus, cada um apresentando informações úteis ao investidor.

Por último, temos a apresentação institucional da companhia. Essa é uma apresentação de *slides* que reúne várias informações úteis. É razoável esperar que a companhia queira esconder a "sujeira embaixo do tapete" ao mostrar apresentações ao público investidor.

Dessa forma, o FR é o documento mais robusto, pois possui uma série de informações que as companhias são obrigadas a fornecer. Utilizaremos o FR como guia na nossa análise.

A estrutura básica do Formulário de Referência

O FR é um documento bastante extenso e, por isso, foi padronizado em vários capítulos. Ao acessá-lo via CVM ou B3, será aberta uma plataforma que permite navegar pelos vários itens do menu.

Já pelo *site* de RI, é fornecido um arquivo do tipo PDF que contém as mesmas informações. Cabe ao usuário escolher o formato que mais lhe agrade.

A estrutura do FR é composta de 21 capítulos, sendo alguns meramente formais. Vamos nos concentrar nos principais itens, neste exercício introdutório:

- Histórico do emissor.
- Atividades do emissor.
- Controle e grupo econômico.
- Assembleia e administração (e capítulos correlatos).
- Fatores de risco.

Histórico – o enredo por trás dos números

Para saber como uma companhia funciona, é preciso entender de onde ela veio, pois toda imagem atual que temos é decorrência de ações (e omissões) tomadas ao longo dos anos. A história, logicamente, envolve milhares de detalhes. Porém, o que importa compreender são as grandes mudanças ao longo dos anos.

Essa sinopse da evolução do negócio é fornecida pela companhia no FR. Em alguns casos, as companhias divulgam uma linha do tempo no *site* de RI e na apresentação institucional.

É importante atentar para os seguintes eventos:

- Houve várias mudanças no controle?
- A administração diversificou demais e depois teve de vender os ativos fora da sua competência? Ou se manteve mais focada?
- Alguma vez passou por recuperação judicial ou extrajudicial?
- A empresa realizou ofertas de ações secundárias (*Follow-on*)?
- Houve tentativa de fechamento de capital? Ou a empresa fechou o capital e depois voltou ao mercado?

- Como evoluiu a participação de mercado ao longo dos anos? A companhia comprou parte de seus concorrentes ou cresceu mais rápido do que seus pares?
- As métricas operacionais apresentaram crescimento consistente?
- Quem foram os protagonistas do sucesso da empresa?

Estas são algumas perguntas para orientar o investidor. As entrelinhas são muitas e há uma boa margem para a companhia esconder informações do seu eventual "passado negro". Uma orientação para quem quiser se aprofundar nesse histórico é buscar notícias sobre a empresa em vários jornais ou mesmo na Internet.

Se for uma petroleira, por exemplo, esperamos um aumento consistente na produção de barris de óleo e redução no custo de extração. Já no caso de lojas do varejo, a evolução de vendas nas mesmas lojas é importantíssima. As vendas no *e-commerce* também progrediram?

Para empresas de *properties*, é interessante avaliar a evolução da vacância física e financeira. Ela vem diminuindo, subindo ou oscilando? Se forem construtoras, podemos avaliar o valor geral de vendas ao longo dos anos, assim como o nível de distrato líquido.

Além da evolução do lucro, é importante avaliar a evolução das margens (bruta, operacional e líquida) e também a rentabilidade sobre o patrimônio líquido (RPL ou ROE).

ROE crescente é um sinal ótimo. Margens crescentes são excelentes, desde que não sejam compensadas por menores volumes.

Como evoluiu o endividamento ao longo do tempo? Vem aumentando? Caindo? Permanece estável?

Atividades do emissor

Esse é um dos capítulos mais importantes do FR. Precisamos enxergar a companhia por diversos ângulos.

A leitura atenta ajudará a responder às seguintes perguntas:

- A companhia é produtora de bens ou apenas prestadora de serviços?
- Quais são os bens ou serviços fornecidos?
- Qual a representatividade, na receita e no lucro, de cada uma das linhas de negócios?
- Quem são os principais clientes?
- Existem clientes que concentram mais de 10% da receita?
- Qual a participação das vendas no mercado interno e da exportação?
- Existe sazonalidade nos resultados?
- A companhia é produtora de *commodities* ou consegue alguma diferenciação nos seus produtos?
- Onde e como ocorre a produção?
- Como é feita a distribuição?
- Quais são os principais insumos? Como são precificados?
- Qual é a exposição à moeda estrangeira?
- Quem são os fornecedores? Poucos ou muitos?
- Quem são os concorrentes? Qual a participação de mercado de cada um deles?
- Quais as perspectivas de crescimento nos mercados em que a companhia atua?

- Há baixa ou alta penetração dos produtos na sociedade?
- Como o mercado local se compara ao de outros países?
- Quais são as vantagens competitivas? Alto poder de barganha com fornecedores e clientes? Produto difícil de replicar? Marca forte? Patentes? Monopólio regulado? Proteção tarifária contra importações? Crédito mais barato? Controle da distribuição? Controle da matéria-prima (empresa integrada)?

Em reais mil	Mineração	Siderurgia	Transformação do aço	Bens de capital	Ajustes	Consolidado companhia
Receita Líquida de Vendas	1.085.047	12.570.368	3.237.873	352.718	(3.509.226)	13.736.780
Mercado Interno	385.827	10.935.071	3.237.469	352.583	(3.509.226)	11.401.724
Mercado Externo	699.220	1.635.297	404	135	-	2.335.056
Custo Produtos Vendidos	(748.797)	(10.605.498)	(3.044.476)	(349.829)	3.226.906	(11.521.694)
Lucro Bruto	336.250	1.964.870	193.397	2.889	(282.320)	2.215.086
(Despesas)/Receitas Operacionais	(58.905)	(961.748)	(106.347)	(186.342)	(19.823)	(1.333.165)
Lucro (Prej) Operacional	277.345	1.003.122	87.050	(183.453)	(302.143)	881.921
EBITDA	203.225	2.420.525	118.015	(21.409)	(27.286)	2.171.806
MARGEM EBITDA	18,73%	19,26%	3,64%	-6,07%	0,78%	19,60%
% Participação na Receita Líquida Consolidada	6,29	72,89	18,77	2,05		

Em 31 de dezembro de 2018

Reprodução parcial da página 129 do FR da Usiminas referente ao ano de 2018.

Na imagem anterior está mostrada a participação de cada um dos segmentos da Usiminas na receita total.

Como podemos notar, a parte de Bens de Capital representa apenas 2% da receita e ainda dá prejuízo, quando medimos por meio do EBITDA.

Portanto, construir a tese em cima dessa divisão não faz muito sentido, pois é um negócio quase insignificante dentro da companhia.

Para a Usiminas, a siderurgia é o principal negócio. Buscando no FR, temos a lista dos tipos de aço fabricados:

- Placas.

- Chapas grossas.

- Laminados a quente / Tiras a quente.

- Laminados a frio.

- Galvanizados.

É possível ter uma visão ainda mais granular da receita, se conseguirmos abrir a receita de siderurgia em cada um dos tipos acima. Essa é uma informação que pode não aparecer no FR. Portanto, é preciso buscá-la nos *releases* de resultados.

Produto	Capacidade Nominal (mil ton/ano)	
	Usina de Ipatinga	Usina de Cubatão
Chapas grossas	1.000	1.000*
Laminados a quente	3.600	4.400*
Laminados a frio	2.500	1.200
Placas	5.000	4.500**
Eletrogalvanizados	360	-
Galvanizados por imersão a quente	1.050	-

*Parte das capacidades encontram-se temporariamente suspensas.

**As áreas primárias de Cubatão estão temporariamente desligadas, não se produz placas nessa planta.

Reprodução parcial da página 135 do FR da Usiminas referente ao ano de 2018.

Aprofundando um pouco a pesquisa, vemos que a Usiminas produzia seu aço em Ipatinga e Cubatão, sendo que apenas em Ipatinga se produziam eletrogalvanizados e galvanizados por imersão a quente.

Podemos também aprender como o aço é produzido – conhecimento que será útil para analisar outros negócios. Além do minério de ferro, a companhia fabricava o coque a partir do carvão e também utilizava calcário, dolomita e manganês.

Avançando no FR, descobrimos que a companhia possuía dez centros de distribuição, oito depósitos de clientes e dois portos. Toda essa estrutura estava localizada perto da maior parte do seu público consumidor, que fica nas regiões Sudeste e Sul do Brasil.

Podemos ver essa abertura de clientes, por região e segmento, na tabela a seguir:

Participação em Volume	2018	2017	2016
São Paulo	42%	43%	41%
Minas Gerais	24%	23%	22%
Rio Grande do Sul	7%	7%	9%
Rio de Janeiro	2%	2%	3%
Paraná / Santa Catarina	7%	7%	7%
Norte / Nordeste	15%	14%	16%
Centro-Oeste / ES	4%	4%	3%
Mercado Interno	**100%**	**100%**	**100%**
Segmentos em Volume	**2018**	**2017**	**2016**
Automotivo	38%	36%	32%
Industrial	11%	14%	15%
Linha Branca	8%	9%	9%
Grande Rede	34%	32%	36%
Construção Civil	9%	9%	8%
Total	**100%**	**100%**	**100%**

Reprodução parcial da página 136 do FR da Usiminas referente ao ano de 2018.

De fato, São Paulo era um estado muito relevante para a Usiminas. Além disso, o setor automotivo representava uma porcentagem significativa do volume vendido. Em termos de receita, este setor respondia por 41% das vendas.

Neste ponto já podemos raciocinar que a eventual diminuição da produção de veículos nas montadoras provavelmente reduziria bastante os volumes vendidos pela companhia.

Esta foi uma pequena amostra de como podemos proceder para ir refinando o nosso conhecimento sobre a empresa. Fica a cargo do leitor se aprofundar nesse aspecto.

Assembleia e administração

Nos capítulos 12, 13, 14 e 15 do FR da Usiminas, podemos colher informações importantes sobre as pessoas do alto escalão da empresa. Estamos falando de controladores, membros do conselho e diretoria.

É importante avaliar quem é o controlador. Pode ser uma única pessoa física ou um grupo de acionistas relevantes que fazem um acordo. O que buscamos é um tratamento justo ao minoritário, alinhado aos controladores. Indícios de tentativa de expropriação de valor, de maneira ilegal, por parte do controlador, são um péssimo sinal. Esse é um assunto complexo e que talvez mereça um livro por si só.

Porém, existe um capítulo no FR que trata sobre as transações entre partes relacionadas. Procure entender os tipos de acordos que existem entre controlador e controlada.

A proteção do *Tag Along* é desejável. Empresas que migram ao Novo Mercado também são vistas com bons olhos pelos minoritários. Mas isso não é condição suficiente, e às vezes nem mesmo necessária, para uma boa governança.

A OGX de Eike Batista era do Novo Mercado e Itaú não é. As famílias que controlam o Itaú respeitam o minoritário e é isso que importa, em última instância.

Se o controlador estiver há bastante tempo na companhia, isso também pode ser um bom sinal, pois significa que acumulou conhecimento expressivo sobre o mercado de atuação.

A figura dos conselheiros também é importante. Busque conhecer o currículo de cada um dos membros. Existem membros independentes? Representantes dos minoritários? Conselho fiscal?

A remuneração dos conselheiros é compatível com suas funções e com a prática de mercado? Os membros possuem formação complementar?

Ainda que, em muitos casos, os conselheiros sejam apenas figurativos, isto não é o ideal. Um bom conselho pode trazer um valor inestimável, ao orientar a estratégia da companhia na direção correta, fiscalizar os executivos e prezar pela boa governança.

Por fim, temos os executivos que operam a sociedade no dia a dia. Conheça os principais diretores da companhia. CEO, CFO, entre outros. Quem lidera a logística? Marketing? Financeiro? Compras? Tecnologia? Possuem experiência? Onde trabalharam antes? Por que saíram?

A ficha básica está no FR. Leia. Ter contatos na indústria é um diferencial importante para avaliar os rostos por trás dos balanços.

Fatores de Risco

Listamos as principais categorias de riscos no capítulo IV do livro. E se, por coincidência, você abrir o capítulo 4 do FR da Usiminas, que usamos como exemplo anteriormente, verá uma série de riscos descritos.

O trabalho primordial nesta parte é entender quais são os principais riscos que afetam determinada companhia. Existem riscos que se aplicam a todas as companhias, como o risco macroeconômico do Brasil. Já o risco cambial, por exemplo, não se aplica diretamente para a maioria das empresas locais, pois elas têm receitas e despesas denominadas exclusivamente em reais.

Porém, veja que a Usiminas é exceção, já que, apesar de negociar em reais, há uma indexação dos preços ao dólar.

Outros riscos existem, mas o impacto é baixo. Por exemplo, uma inadimplência pontual de um cliente pequeno.

É preciso conhecer com profundidade a empresa e o setor. Não bastam somente os riscos que a companhia divulga. É preciso pensar além, talvez até em algo fora do radar.

No caso da Usiminas, o risco macroeconômico é relevante por causa da grande exposição ao setor automotivo. Ainda, o preço do aço é uma variável muito importante e que foge do controle da companhia. Assim como o câmbio, que indexa as vendas de aço, mesmo no mercado interno.

A competição com o mundo também pode ser predatória. A indústria brasileira é caracterizada por nível elevado de protecionismo. Caindo essas cercas, muitos fornecedores brasileiros poderiam passar a enfrentar muito mais competição, o que poderia até mesmo inviabilizar seus negócios.

Valuation e conclusão

Mesmo com toda a análise bem feita e uma boa projeção da direção dos resultados futuros, o preço da ação pode ser impeditivo. Por isso, o *Valuation* se torna necessário. É uma disciplina por si só. Mas o passo inicial, fundamental, é evitar pagar caro demais.

Para isso, nossa recomendação é comparar o P/L atual com o P/L médio da empresa nos últimos anos e comprar ações da empresa apenas quando o primeiro estiver próximo ou abaixo do segundo.

Números absolutos elevados também precisam de inspeção. Um P/L alto, de 30 ou 40, por exemplo, carrega consigo expectativas de elevado crescimento nos resultados.

Se for uma empresa pagadora de dividendos, dá para fazer essa análise com base no *Dividend Yield* (DY). Neste caso, um DY recorrente e bem acima da média é indicativo de um bom momento de compra.

VI
ESTUDO DE CASO: METISA

Podemos entender que a Metisa se beneficiava de uma economia interna mais aquecida. Especialmente no que tange ao setor agrícola, rodoviário e ferroviário.

Com as ferramentas básicas de análise, citadas anteriormente, já é possível começar o garimpo por ações. O primeiro passo é filtrar por liquidez.

Neste estudo, escolhemos o limite de volume de R$ 150 mil por dia. Como também queremos excluir aquelas companhias que praticamente não negociam ações diariamente, estabelecemos ainda um volume mínimo, neste caso, de R$ 50 mil.

Resultado da busca

Papel	Cotação	P/L	P/VP	PSR	Div.Yield	P/Ativos	P/Cap.Giro	P/EBIT	P/Ativ Circ.Liq	EV/EBIT	Mrg Ebit	Mrg. Liq	Liq. Corr.	ROIC	ROE	Liq.2meses	Patrim. Liq	Div.Brut/ Patrim.	Cresc. Rec.5a
BOBR4	2,30	1,55	-0,50	0,113	0,06%	0,206	-0,53	1,91	-0,21	5,96	5,93%	7,31%	0,51	13,66%	-32,57%	145.585,00	-246.898.000,00	-1,15	-1,56%
BAZA3	32,50	6,12	0,48	0,000	4,42%	0,000	0,00	0,00	0,00	0,00	0,00%	0,00%	0,00	0,00%	7,92%	135.787,00	1.987.200.000,00	0,00	-9,49%
MTSA4	19,20	10,04	0,75	0,629	5,47%	0,596	1,14	11,05	1,22	7,86	5,69%	6,26%	4,13	7,44%	7,45%	128.890,00	234.667.000,00	0,08	4,54%
FRTA3	6,50	-2,31	-0,19	1,786	0,06%	0,344	-0,16	-2,03	-0,13	-10,81	-87,85%	-77,30%	0,07	-19,60%	8,25%	119.388,00	-68.246.000,00	-0,83	-34,74%
JFEN3	1,57	-0,41	0,49	1,672	0,06%	0,094	0,34	-1,12	-2,05	-5,21	-149,16%	-433,10%	1,52	-8,78%	-120,90%	118.796,00	336.159.000,00	1,84	-41,76%
TELB4	26,96	0,00	0,00	0,000	0,00%	0,000	0,00	0,00	0,00	0,00	0,00%	0,00%	0,00	0,00%	0,00%	114.486,00	0,00	0,00	-39,39%
CEBR3	33,46	5,53	0,87	0,180	0,14%	0,130	-3,90	4,11	-0,43	6,73	4,39%	4,58%	0,94	3,75%	15,81%	112.522,00	552.346.000,00	0,88	4,51%
EALT4	4,62	7,25	0,65	0,375	3,02%	0,301	4,13	6,64	-1,84	11,02	5,65%	5,18%	1,24	4,06%	8,94%	112.171,00	160.374.000,00	0,48	14,96%
DPHA3	0,62	0,06	-0,24	-20,054	0,00%	0,995	-0,38	0,78	-0,29	1,60	-2.581,69%	-33.652,50%	0,06	401,01%	-402,50%	106.129,00	-292.294.000,00	-0,26	-53,39%
ENGI2	13,69	21,97	4,41	1,472	1,56%	0,493	5,59	13,79	-1,36	20,77	10,68%	6,91%	1,63	5,74%	20,08%	101.564,00	5.632.910.000,00	2,67	12,39%
BRSR3	24,50	8,91	1,36	0,000	8,75%	0,000	0,00	0,00	0,00	0,00	0,00%	0,00%	0,00	0,00%	15,27%	100.948,00	7.364.950.000,00	0,00	11,23%
ATOM3	1,80	5,65	9,30	5,382	0,00%	3,003	3,41	6,58	12,75	5,22	81,81%	95,34%	28,22	119,60%	164,64%	91.089,90	4.047.000,00	0,00	0,00%
CCPR3	14,34	-255,28	1,64	3,449	6,99%	0,488	24,50	7,32	-1,31	12,98	47,11%	9,28%	1,20	7,38%	-0,64%	89.676,60	1.048.620.000,00	1,59	7,58%
SLED4	1,34	-0,10	0,63	0,073	0,06%	0,029	-0,08	-0,18	-0,95	-2,36	-18,11%	-33,90%	0,49	-31,98%	-642,75%	84.620,90	57.081.000,00	8,16	-12,80%
PNVL3	404,00	24,10	3,82	0,730	1,55%	1,512	8,79	13,58	-69,63	16,26	5,38%	3,03%	1,42	14,18%	15,86%	83.437,50	477.291.000,00	0,78	6,64%
INEP3	7,97	-0,57	-0,04	1,507	0,06%	0,034	-0,04	-1,41	-0,02	-15,92	-106,76%	-396,38%	0,23	-2,54%	7,61%	83.357,00	-1.382.430.000,00	-0,45	-61,93%
TAEE4	6,90	9,07	1,94	5,538	1,67%	1,013	5,86	8,34	-4,38	11,62	66,40%	61,03%	3,29	12,22%	21,42%	78.362,30	4.731.630.000,00	0,77	-2,98%
RAPT3	8,39	20,69	1,85	0,648	1,72%	0,502	1,58	6,83	-6,94	9,68	9,49%	4,36%	2,25	10,72%	8,92%	63.449,60	1.571.940.000,00	1,66	5,44%
TRPL3	28,00	9,23	1,62	5,474	6,64%	0,962	7,29	7,48	-4,38	8,29	73,19%	59,70%	4,50	13,71%	17,49%	61.223,00	11.422.460.000,00	0,27	33,89%
ALPA3	20,36	44,26	4,94	3,637	0,30%	2,845	9,84	36,36	19,89	30,37	9,99%	6,46%	2,11	12,07%	11,15%	60.964,90	2.423.370.000,00	0,24	-0,13%
RNEW4	6,95	-0,32	-1,12	0,485	0,06%	0,108	-0,44	-1,41	-0,24	-3,44	-34,34%	-153,68%	0,73	-7,83%	354,76%	60.919,90	-258.775.000,00	-1,65	18,35%
ENMT3	25,25	12,77	2,88	1,206	5,97%	0,772	11,10	7,63	-1,72	11,81	15,81%	9,45%	1,32	11,34%	22,57%	59.378,10	1.865.050.000,00	1,69	11,61%
TAEE3	10,16	10,36	2,22	6,323	1,47%	1,156	6,69	9,52	-6,80	13,28	66,40%	61,03%	3,29	12,22%	21,42%	58.923,90	4.731.630.000,00	0,77	-2,98%
REDE3	7,51	30,49	3,80	1,487	4,47%	0,868	5,33	11,72	-2,48	15,87	12,70%	6,66%	1,84	8,55%	12,48%	57.278,90	4.062.040.000,00	1,63	10,75%
BRIV4	8,25	12,53	0,50	0,000	6,56%	0,000	0,00	0,00	0,00	0,00	0,00%	0,00%	0,00	0,00%	4,00%	56.801,70	1.458.950.000,00	0,00	4,23%
WHRL3	5,60	18,55	3,30	1,493	11,75%	1,015	5,76	40,69	9,43	37,18	3,67%	7,99%	1,28	4,04%	17,79%	56.355,20	550.190.000,00	0,10	-9,64%
PLAS3	5,09	-0,27	-0,59	0,215	0,00%	0,138	-0,37	-0,79	-0,12	-2,85	-27,41%	-81,13%	0,06	-18,82%	223,89%	55.317,10	-123.048.000,00	-1,61	-11,85%

Resultado de busca por empresas no *site* Fundamentus em 16 de julho de 2019, usando como parâmetros o volume diário médio negociado, nos dois meses anteriores, entre 50 mil reais e 150 mil reais.

Para exemplificar, vamos usar os dados obtidos no dia 16 de julho de 2019, quando acessamos a ferramenta de busca avançada por empresa do *site* Fundamentus. (http://www.fundamentus.com.br/buscaavancada.php). Naquela data, o sistema retornou 27 ações, conforme os parâmetros requeridos (como mostrado na página anterior.

É preciso atentar para o fato de que pode existir mais de uma classe de ação por empresa (PN, ON e *Unit*). Deste modo, é redundante contar uma empresa duas ou três vezes.

Observação: teste vários intervalos para os limites do filtro de liquidez. Assim, você poderá aumentar seu universo de *Small Caps,* uma vez que, momentaneamente, a liquidez poderá estar baixa ou pode existir alguma *Small Cap* que negocie mais do que o limite inicialmente proposto.

Como estamos tratando de *Small Caps*, será necessário verificar também a faixa de valor de mercado de cada uma dessas companhias. Utilizamos como referência, nesse exemplo, um limite de R$ 3 bilhões.

Não há ferramenta automatizada para verificar esse dado. Então, é preciso abrir a página de cada empresa dentro do *site* Fundamentus.

Neste estudo chegamos a 18 ações, que representam 18 companhias diferentes.

O segundo passo é eliminar as novatas em Bolsa. Adotamos o prazo mínimo de negociação de cinco anos e restaram 17 companhias. O próprio *site* Fundamentus traz estes dados por empresa, na aba "HISTÓRICO DE COTAÇÕES", que apresenta um gráfico com a evolução do preço da ação.

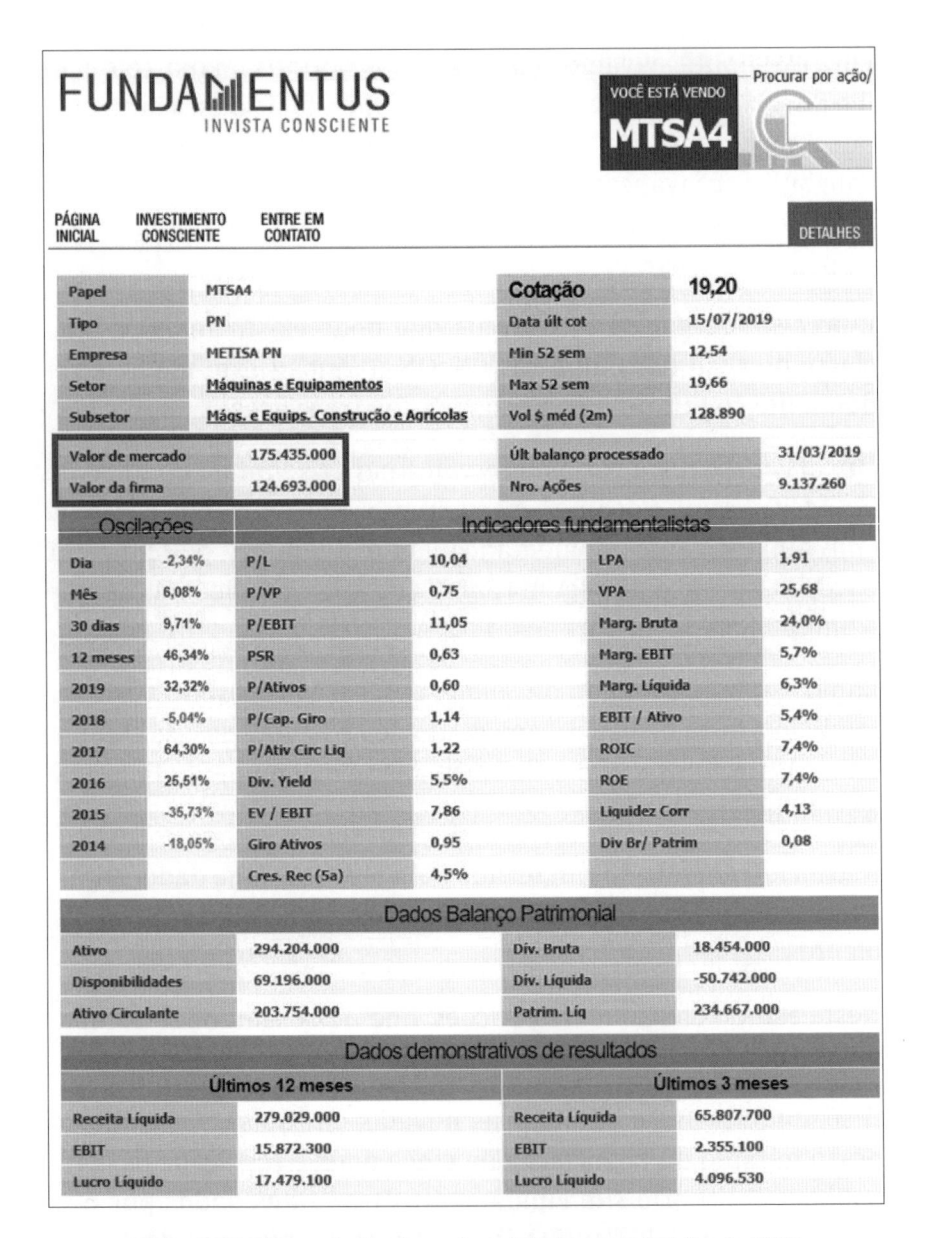

FUNDAMENTUS
INVISTA CONSCIENTE

VOCÊ ESTÁ VENDO
MTSA4

Procurar por ação/

PÁGINA INICIAL · INVESTIMENTO CONSCIENTE · ENTRE EM CONTATO · DETALHES

Papel	MTSA4		**Cotação**	**19,20**
Tipo	PN		Data últ cot	15/07/2019
Empresa	METISA PN		Min 52 sem	12,54
Setor	Máquinas e Equipamentos		Max 52 sem	19,66
Subsetor	Máqs. e Equips. Construção e Agrícolas		Vol $ méd (2m)	128.890
Valor de mercado	175.435.000		Últ balanço processado	31/03/2019
Valor da firma	124.693.000		Nro. Ações	9.137.260

Oscilações		Indicadores fundamentalistas			
Dia	-2,34%	P/L	10,04	LPA	1,91
Mês	6,08%	P/VP	0,75	VPA	25,68
30 dias	9,71%	P/EBIT	11,05	Marg. Bruta	24,0%
12 meses	46,34%	PSR	0,63	Marg. EBIT	5,7%
2019	32,32%	P/Ativos	0,60	Marg. Líquida	6,3%
2018	-5,04%	P/Cap. Giro	1,14	EBIT / Ativo	5,4%
2017	64,30%	P/Ativ Circ Liq	1,22	ROIC	7,4%
2016	25,51%	Div. Yield	5,5%	ROE	7,4%
2015	-35,73%	EV / EBIT	7,86	Liquidez Corr	4,13
2014	-18,05%	Giro Ativos	0,95	Div Br/ Patrim	0,08
		Cres. Rec (5a)	4,5%		

Dados Balanço Patrimonial			
Ativo	294.204.000	Dív. Bruta	18.454.000
Disponibilidades	69.196.000	Dív. Líquida	-50.742.000
Ativo Circulante	203.754.000	Patrim. Líq	234.667.000

Dados demonstrativos de resultados			
Últimos 12 meses		**Últimos 3 meses**	
Receita Líquida	279.029.000	Receita Líquida	65.807.700
EBIT	15.872.300	EBIT	2.355.100
Lucro Líquido	17.479.100	Lucro Líquido	4.096.530

Página da Metisa no *site* Fundamentus, visitada em 16 de julho de 2019: http://www.fundamentus.com.br/detalhes.php?papel=MTSA4.

Já o terceiro passo é escolher aquelas companhias com um bom histórico de lucratividade, especialmente sem prejuízos nesse período de cinco anos. Neste ponto, a plataforma PenseRico é mais útil, pois carrega resultados de períodos ainda maiores.

Fazendo essa análise, chegamos a sete empresas que conseguem passar nesse critério. E, dentre elas, a candidata com o histórico mais robusto é a Metisa (MTSA4), a nossa escolhida. A seguir, apresentaremos dados coletados da companhia no dia 16 de julho de 2019.

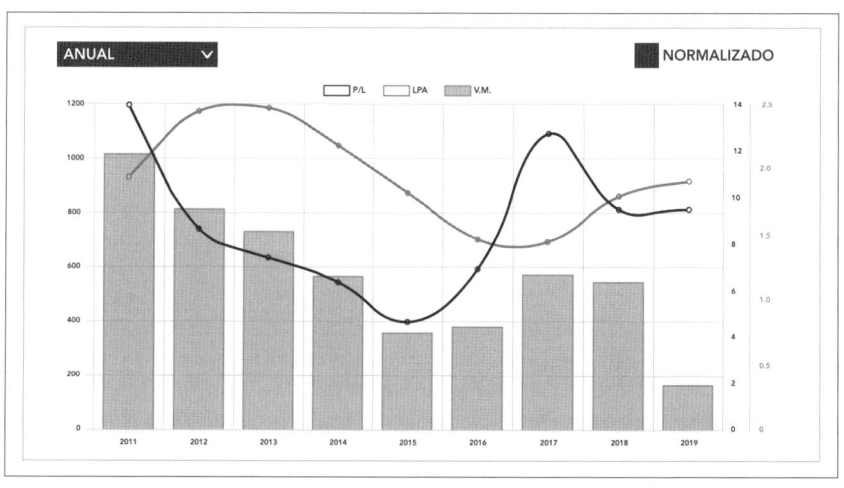

Evolução do P/L e do LPA da Metisa, conforme dados
da plataforma PenseRico coletados em 16 de julho de 2019, no *link*:
https://plataforma.penserico.com/dashboard/cp.pr?e=MTSA4.

Pode parecer que os lucros não foram sólidos porque caíram de 2014 a 2017. Mas é preciso ponderar isso diante de uma das maiores recessões da história do Brasil. Quase todas as empresas da Bolsa tiveram resultados piores nesse período: várias com prejuízos e algumas que inclusive pediram recuperação judicial.

Podemos também perceber a significativa consistência dos dividendos pagos por ação.

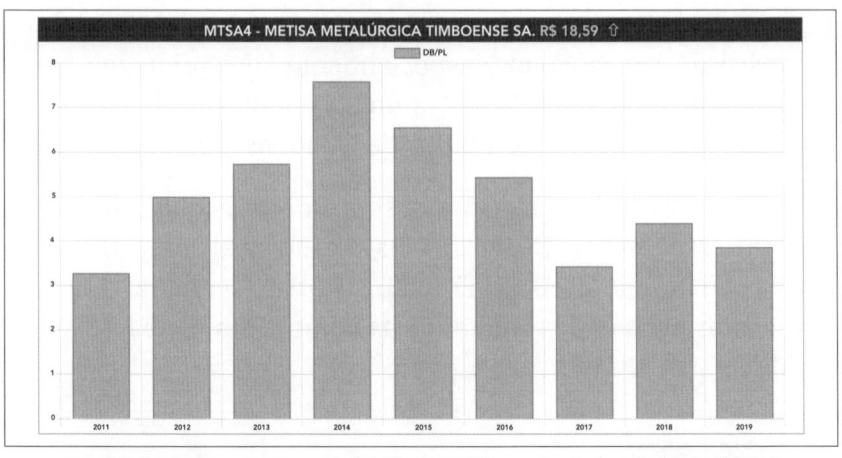

A evolução da porcentagem do *Dividend Yield* em relação à cotação da Metisa,
entre 2011 e meados de 2019, conforme dados da plataforma PenseRico
coletados em 16 de julho de 2019.

Ainda sobre a qualidade dos dividendos, o *site* Fundamentus também traz uma tabela com o histórico das empresas neste sentido, onde verificamos que a Metisa vem entregando seus proventos ininterruptamente desde 1996.

Proventos:

Data	Valor	Tipo	Por quantas ações
07/05/2019	0,4000	JRS CAP PROPRIO	1
19/11/2018	0,6500	JRS CAP PROPRIO	1
17/11/2017	0,5500	JRS CAP PROPRIO	1
28/11/2016	0,5500	JRS CAP PROPRIO	1
02/12/2015	0,5500	JUROS	1
03/12/2014	0,8250	JRS CAP PROPRIO	1
08/05/2014	0,2200	DIVIDENDO	1
03/12/2013	0,8250	JRS CAP PRÓPRIO	1
03/05/2013	0,2200	DIVIDENDO	1
03/12/2012	0,8250	JRS CAP PRÓPRIO	1
04/05/2012	0,2200	DIVIDENDO	1
02/12/2011	0,7150	JRS CAP PRÓPRIO	1
06/05/2011	0,1650	DIVIDENDO	1
20/12/2010	0,7040	JRS CAP PRÓPRIO	1
20/04/2010	0,1399	DIVIDENDO	1
20/04/2010	0,1401	DIVIDENDO	1
18/12/2009	0,6000	JRS CAP PRÓPRIO	1
23/04/2009	0,2976	DIVIDENDO	1
19/12/2008	0,5082	JRS CAP PRÓPRIO	1
16/04/2008	0,1100	DIVIDENDO	1
20/12/2007	0,4254	JRS CAP PRÓPRIO	1
20/12/2006	4,4000	JRS CAP PRÓPRIO	1000
27/12/2005	3,0800	JRS CAP PRÓPRIO	1000
20/12/2004	4,0700	JRS CAP PRÓPRIO	1000
19/12/2003	3,0500	JRS CAP PRÓPRIO	1000
24/04/2003	2,5910	JRS CAP PRÓPRIO	1000
30/04/2002	1,6000	JRS CAP PRÓPRIO	1000
26/04/2001	1,2000	JRS CAP PRÓPRIO	1000
25/04/2000	1,2000	JRS CAP PRÓPRIO	1000
29/04/1999	1,1959	JRS CAP PRÓPRIO	1000
29/04/1998	1,1000	JRS CAP PRÓPRIO	1000
29/04/1997	1,0000	DIVIDENDO	1000
25/04/1996	0,7600	DIVIDENDO	1000

Histórico de proventos da Metisa,
segundo página do *site* Fundamentus
visitada em 16 de julho de 2019:
http://www.fundamentus.com.br/proventos.
php?papel=MTSA4&tipo=2.

Endividamento

Analisar o endividamento da Metisa é muito simples. A companhia tinha muito mais caixa do que dívidas (dívida líquida negativa). Então, na prática, era como se não tivesse dívida.

Poderia ser o caso de a situação financeira da companhia estar boa momentaneamente, mas no passado ter sido pior. Não era. Desde 2017 a dívida líquida vinha caindo sensivelmente, o que indica reservas cada vez mais robustas.

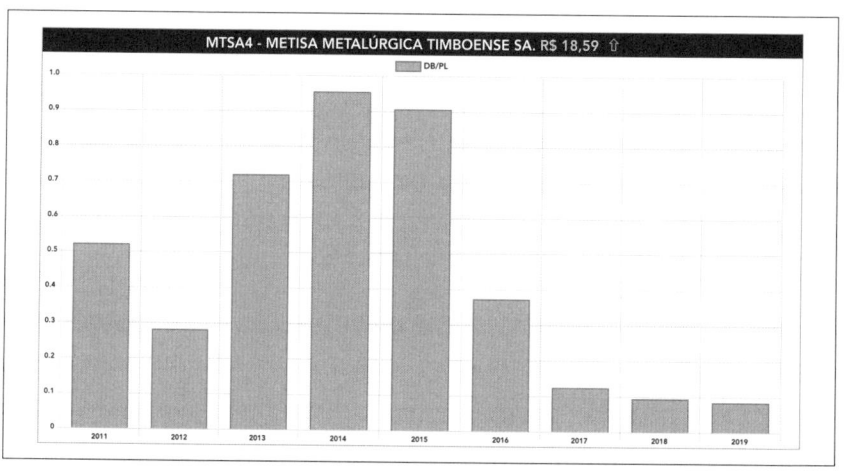

A evolução da Dívida Bruta em relação ao Patrimônio Líquido da Metisa, entre 2011 e meados de 2019, conforme dados da plataforma PenseRico coletados em 16 de julho de 2019.

Agora vamos ingressar numa análise mais qualitativa, por meio do Formulário de Referência da Metisa para o ano de 2019, que pode ser baixado diretamente de seu *site*:

http://www.metisa.com.br

Neste *site*, visitado em 16 de julho de 2019, há uma seção denominada "RELAÇÃO COM INVESTIDORES" no canto direito do menu superior. Ao passar o *mouse* sobre esta seção, na versão para computadores de mesa, surgem opções secundárias, entre as quais clicamos em "Atos legais – 2019". Deste modo, acessamos o *link* a seguir, onde o Formulário de Referência estava disponível para *download*:

http://www.metisa.com.br/index.php?idioma=1&pagina=intro&id=10

A origem da Metisa

A Metisa foi fundada em 1942 por Richard Paul Junior. Inicialmente, a companhia produzia ferramentas manuais para agricultura.

Em 1966, aproveitando a falta de oferta nacional, a companhia passou a fabricar também peças para máquinas agrícolas, como lâminas para motoniveladoras e tratores.

Os acionistas permaneceram os mesmos até 1987, quando novos sócios adquiriram ações. Isso ajudou a profissionalizar a gestão nos anos seguintes.

Todo o seu parque fabril está localizado em Timbó, no interior de Santa Catarina. Por isso, a denominação completa da Metisa é Metalúrgica Timboense S/A.

Modelo de negócios

No momento em que este livro foi publicado, a Metisa utilizava o aço para produzir vários artefatos, como:

- Lâminas para tratores e motoniveladoras.
- Pás carregadeiras.
- Dentes para escavadeiras.

- Lâminas para cortar pedras.
- Talas de junção para trilhos ferroviários.
- Eixos para carretas, reboques e semirreboques.
- Arruelas em aço de alto carbono.
- Pás e cavadeiras.

Vale notar que essa linha diversificada de produtos era produzida pelas mesmas instalações da companhia, o que denota o alto grau de flexibilidade da fábrica.

Por outro lado, também indicava que não havia uma grande sofisticação nos produtos, o que facilitava a competição. A própria companhia mencionava que a tecnologia aplicada era de domínio público.

Basta entrar na página de produtos da empresa para ver que os artefatos eram de fato bastante simples:

http://www.metisa.com.br/index.php?idioma=1&pagina=2

Basicamente, a Metisa comprava o aço e fazia o que se denomina de transformação a quente. Esse aço passa por operações de laminação, estamparia e forjamento, que podem ser seguidas por tratamentos térmicos e usinagem.

O aço utilizado era do tipo alto carbono, baixo carbono e microligado, sendo fornecido principalmente pela Gerdau.

A produção era de cerca de 80 mil toneladas de aço. Mas como o *mix* de produtos fabricados variava bastante, essa métrica precisava ser ajustada conforme a demanda.

No período em questão, a Metisa não fornecia dados da concorrência, apesar de reconhecer que **não** havia monopólio ou oligopólio dentro do seu segmento de atuação.

Ademais, a companhia informava que não existiam estatísticas que indicassem a participação de mercado nos campos em que atuava. Isso é uma postura rara entre as empresas de capital aberto e precisamos compreender a razão dela.

Talvez uma hipótese fosse o elevado número de competidores e o tamanho ainda diminuto do nicho de negócio da Metisa no PIB do Brasil. Assim, órgãos de defesa econômica, como o CADE (Conselho Administrativo de Defesa e Econômica) e os institutos de pesquisa ainda não se interessavam por esses negócios.

Perfil das receitas

A Metisa era focada no mercado interno. Nos três anos anteriores, as exportações giraram em torno de 30% da receita líquida.

2016	2017	2018
27,1%	31,4%	30,2%

Reprodução de tabela publicada na página 49
do Formulário de Referência da Metisa para o ano de 2019.

Em relação aos países que compravam os produtos da companhia, a América do Sul concentrava mais da metade das transações, seguida pela América do Norte e Europa. Em função disso, vemos que uma apreciação forte do real certamente teria um efeito negativo nos resultados da companhia.

A companhia não fez a abertura de receitas por segmento de atuação dos seus clientes. No entanto, sabemos que nenhum segmento representa mais de 10% do faturamento.

Região	% Receita Operacional Líquida Total		
	2016	2017	2018
Europa [1]	4,2	5,9	6,8
Oriente Médio/Norte da África [2]	0,5	0,8	0,8
África	1,2	1,3	1,0
Ásia	2,5	1,8	1,5
Oceania	1,6	2,0	1,7
América do Norte [3]	8,5	10,4	8,9
América do Sul	8,3	9,0	9,2
América Central e Caribe	0,3	0,2	0,3

[1] Inclui Turquia.   [2] Inclui Egito, Líbia, Marrocos e Argélia.   [3] Inclui México.

**Reprodução de tabela publicada na página 49
do Formulário de Referência da Metisa para o ano de 2019.**

Ainda, de acordo com a própria história da companhia, é razoável supor que o setor de máquinas agrícolas era o principal negócio.

O que foi indicado no Formulário de Referência é que existiam dois grandes grupos de clientes em termos de posição na cadeia de valor:

- Indústrias que fabricam as máquinas.
- Distribuidores de peças de reposição.

Até o momento da obtenção dos dados, a Metisa era uma companhia que historicamente apresentava um baixo nível de *disclosure*. Então, é preciso buscar esta informação em outro lugar.

> **Exercício**: Envie um *e-mail* ou ligue para o departamento de relações com investidores da empresa e pergunte sobre o perfil do *mix* de clientes.

Quanto menor o *disclosure*, maior tem que ser o nível de confiança nas pessoas que tocam a empresa. O histórico também pesa muito nesse caso.

Como já foi ensinado, o que importa no final das contas é a capacidade da companhia de aumentar a lucratividade e distribuir dividendos. Nesse aspecto, o time da Metisa se mostrou competente.

Em relação à sazonalidade das vendas de cada linha de produtos da Metisa, apuramos que as ferramentas de penetração no solo vendiam bem no mercado interno entre os meses de março e setembro, enquanto que o melhor período para exportações ia de maio até agosto. Já as peças para máquinas e implementos agrícolas vendiam bem no Brasil entre abril e outubro, e suas exportações iam melhor entre outubro e fevereiro.

As lâminas para cortes eram mais procuradas no mercado interno entre agosto e dezembro, não havendo período de concentração de vendas para o mercado externo. Por fim, as ferramentas manuais tinham bom desempenho de vendas no Brasil entre março e setembro, com dois bons períodos de vendas no mercado estrangeiro: entre março e maio, além de outubro a dezembro.

Portanto, como a sazonalidade ocorria sobre quatro segmentos de produtos da Metisa, a obtenção de receitas era efetiva durante todos os meses do ano, sem variações radicais, embora o período entre março e setembro fosse mais favorável para a empresa.

Outro dado interessante é que a companhia explicava que não havia qualquer transação operacional entre partes relacionadas, fossem elas empresas coligadas, controladas ou ligadas ao acionista controlador. Isso já mitigava bastante o risco de algum tipo de transação econômica que lesasse os interesses dos minoritários em prol de um grupo específico de acionistas.

Sobre as pessoas por trás da empresa, precisamos ver quem são os sócios da Metisa, bem como seus diretores e conselheiros. Estas informações também podem ser encontradas no Formulário de Referência.

De acordo com a companhia, naquele momento:

"O Emissor é controlado direta e indiretamente por Flavio Snell, que detém 60,4% das ações ordinárias, das quais 36,7% diretamente e 23,7% indiretamente, através de sua controlada – Partbank Consultoria Econômico-Financeira Ltda. O Emissor se insere em um Grupo Econômico formado por um conjunto de empresas que tem como controlador Flavio Snell.

O Grupo é formado pelas empresas Elite Assessoria e Consultoria Ltda., Elite Corretora de Câmbio e Valores Mobiliários Ltda., Flanel Administração e Participação Ltda., Facs Negócios e Serviços S/C Ltda., Partbank Consultoria Econômico-Financeira Ltda., METISA Metalúrgica Timboense S.A., METISA Florestal e Energética S.A., Caraíbas Agropecuária Indústria e Comércio S.A. e GLJ Hotéis Ltda."

No caso da Metisa, alguns diretores também ocupavam assento no Conselho de Administração. Veja a tabela a seguir:

Conselho de Administração

Flavio Snell	Presidente do Conselho de Administração
Edvaldo Angelo	Vice-presidente do Conselho de Administração e CEO
Alessandra Casagrande Angelo	Apenas conselheiro
Marcelo Massud	Apenas conselheiro
Márcia Valéria dos Santos Rosa	Apenas conselheiro
Márcio Luis Marques	Apenas conselheiro
Otto dos Santos	Apenas conselheiro
Ricardo Teixeira Mendes	Apenas conselheiro
Wilson Harrison Jacobsen	Conselheiro e Diretor de RI

Suplentes

Edvaldo Casagrande Angelo Junior
Patricia Bitelli Scholl Bocaiúva
Antônio João Direne
João Casagrande Angelo
Antonio Carneiro Barbosa de Souza
Richard Passagli de Miranda Borges
Leonardo de Aquino Leite
Norma Suely de Souza
Diego Paulo Fava Jacobsen

Havia também o diretor Amin Omar Massud, sem designação específica, que não fazia parte do Conselho de Administração (CA).

Veja que o controlador, Flávio Snell, também era o presidente do Conselho. Interessante notar que, para fazer parte do Conselho, a Metisa exigia que a pessoa fosse acionista. Poderia ser uma posição apenas pró-forma, no entanto.

> **Exercício:** Não é nosso objetivo nos aprofundar sobre os conselheiros da Metisa. No entanto, levantamos algumas questões para aqueles que desejarem obter mais informações para completar a análise da empresa:
>
> - Qual a participação dos conselheiros no capital da Metisa?
> - Qual o tempo de casa de cada conselheiro?
> - Qual é o currículo de cada conselheiro?
> - Já houve alguma condenação criminal contra algum conselheiro?
> - A remuneração dos conselheiros está em linha com o lucro da empresa? Como é a distribuição entre remuneração fixa e variável?
> - Há relação de parentesco entre os membros do Conselho?
> - Quais conselheiros foram eleitos pelo controlador?
> - Quais conselheiros foram eleitos pelos minoritários?

O Conselho Fiscal (CF) é um órgão importante para fiscalizar a conduta dos administradores (conselheiros e diretores) da companhia. Pode acontecer de a maioria dos conselheiros fiscais ser eleita pelo controlador, o que pode colocar em suspeição a independência deles.

Exercício: Descubra quem são os membros do CF indicados pelos minoritários. Houve a aprovação unânime das demonstrações financeiras do ano anterior? Um modo de obter as respostas é entrar em contato com o setor de RI da empresa.

Transações entre partes relacionadas

Apesar de não existirem transações relacionadas à operação da companhia entre a Metisa e o controlador, existia um contrato de fornecimento com a Eletromeca Metalúrgica Casagrande, cujo controlador era o CEO da Metisa, Edvaldo Angelo.

Também existia um contrato de assessoria entre a Metisa e um dos seus conselheiros, Ricardo Teixeira Mendes, que recebia uma contraprestação pelos seus serviços (além da remuneração de conselheiro).

Por fim, o controlador, Flávio Snell, também possuía contratos com a Metisa por meio de sociedades nas quais tinha participação relevante, como Partbank S.A (para estudos financeiros e econômicos) e Elite CCVM (corretagem).

Exercício: Descubra por que a Metisa contratava serviços de corretagem de títulos e valores mobiliários. Avalie o montante global das transações entre partes relacionadas. É material frente ao lucro bruto da companhia?

Perspectivas

Podemos entender que a Metisa se beneficiava de uma economia interna mais aquecida. Especialmente no que tange ao setor agrícola, rodoviário e ferroviário.

Cada um desses segmentos merece uma análise por conta própria. Na época, a expansão na plantação e colheita exigia novas máquinas e atualização do imobilizado atual.

Além disso, as rodovias do Brasil estavam sucateadas e havia muitos projetos para concessões, o que aquecia a demanda por escavadeiras, retroescavadeiras e máquinas de perfuração do solo.

Por fim, a atividade ferroviária parecia estar ganhando a devida relevância que sempre mereceu. Mais trem, mais trilhos. Deste modo, haveria uma demanda maior por talas de junções.

Nas palavras da Administração as perspectivas para 2019 eram favoráveis:

> *"Após dois anos de recessão, e mais dois anos marcados por recuperação lenta, com crescimento do PIB brasileiro na faixa de 1% em 2017 e 2018, a previsão, entre os economistas e institutos de pesquisa do próprio Governo, é de que a economia brasileira no atual exercício não registre ainda crescimento expressivo.*
>
> *Diante das expectativas de aumento da produção agrícola, das necessidades de investimento na conservação de rodo-*

vias, e das perspectivas de manutenção e crescimento do setor ferroviário, espera-se aumento da demanda de produtos da METISA. A Companhia está diante de um cenário muito positivo."

Valuation

Utilizando o P/L como referência de *Valuation*, vemos que em julho de 2019 as ações negociavam próximo da média histórica. Assumindo que os lucros crescerão de forma mais expressiva nos próximos anos, então é razoável pensar que a média subirá.

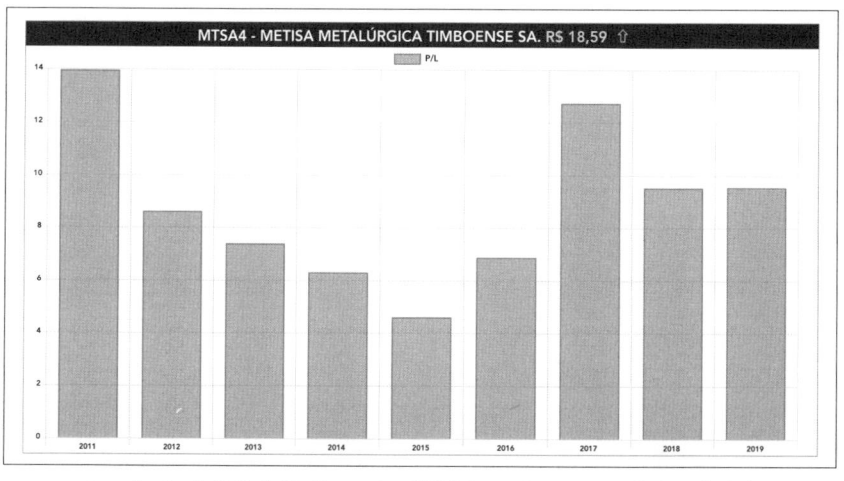

A evolução do P/L da Metisa, entre 2011 (quando estava próximo de 14)
e meados de 2019 (quando estava abaixo de 10), conforme dados
da plataforma PenseRico coletados em 17 de julho de 2019.

Outra forma de avaliar o preço da ação da Metisa é comparando o valor de mercado da companhia (R$ 175.435.000) com o valor do patrimônio líquido (R$ 234.667.000), conforme dados obtidos na página da Metisa no *site* Fundamentus, reproduzida anteriormente. O desconto é da ordem de 25%.

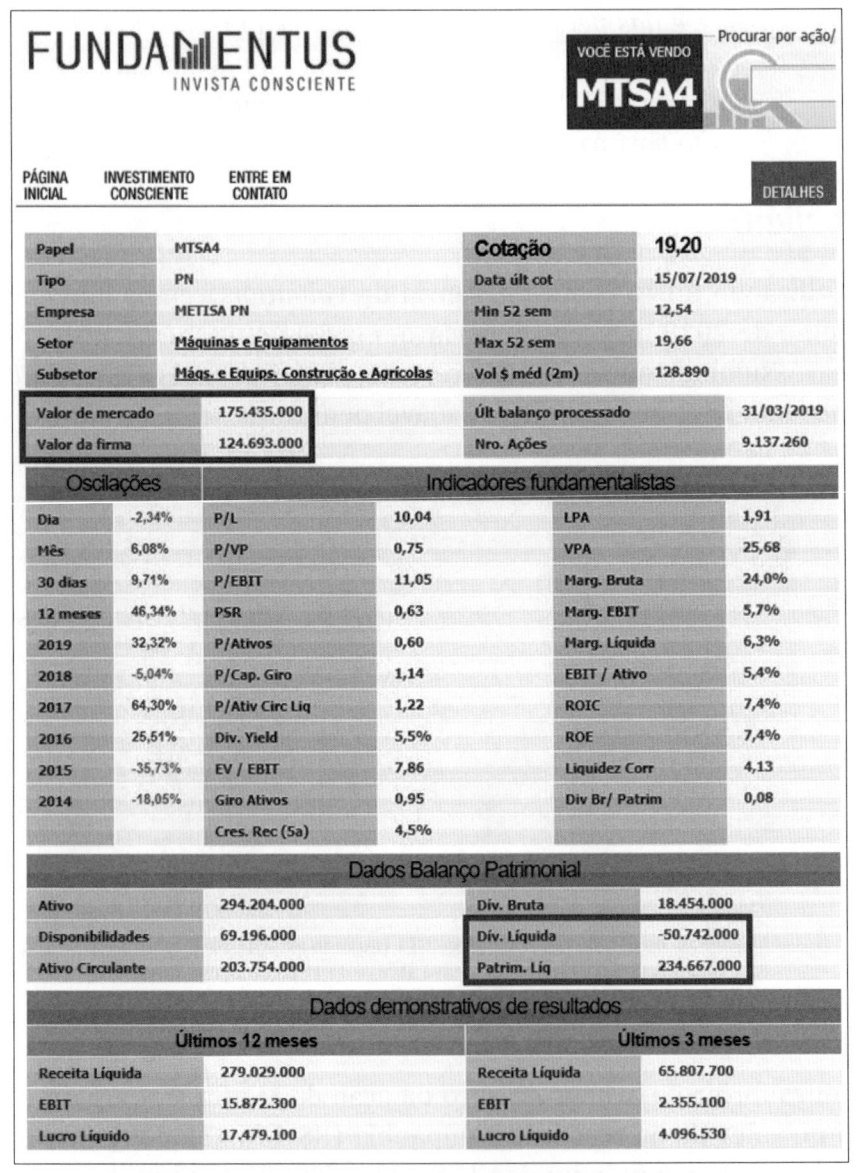

Página da Metisa no *site* Fundamentus, visitada em 16 de julho de 2019: http://www.fundamentus.com.br/detalhes.php?papel=MTSA4.

Como explicamos anteriormente, a Metisa possuía mais caixa do que dívidas (dívida líquida negativa). Então, ao comprarmos as ações, estávamos na prática recebendo um "troco", que ficava retido no caixa da companhia.

Se excluíssemos esse troco do valor de mercado da empresa, que nada mais é do que a dívida líquida com sinal trocado, o desconto aumentaria para 45%.

Ainda, como a companhia não possuía ativos intangíveis, estamos falando de ativos sólidos, cujo valor de mercado é confiável, como máquinas, matéria-prima e produtos acabados.

A companhia também detinha um terreno de 242 mil m^2 que estava registrado no balanço com valores de décadas atrás. Além disso, dentro desse terreno existia uma área de reflorestamento de *Pinus eucaliptus*, cuja madeira era utilizada tanto para embalagens e cabos de ferramentas manuais, como também era vendida para terceiros.

Pelo exposto anteriormente, e diante da cotação da Metisa em 15 de julho de 2019 na ordem de R$ 19,20 por ação, julgamos que o investimento nesta *Small Cap*, através da análise realizada até aqui, era promissor.

Obviamente, por se tratar de um livro e não de um relatório de investimento, não é o caso de fazer uma recomendação expressa de compra das ações da empresa, uma vez que o mercado financeiro é dinâmico e este livro, por si só, é uma obra datada.

Também exemplificamos que existe a necessidade de buscar dados além dos documentos, por meio do RI, por exemplo. Por isso, a análise, até aqui, não está completa.

O que mais importa, neste estudo realizado, é exemplificar um procedimento de análise de uma *Small Cap*.

VII
CONCLUSÃO

Provavelmente, as empresas líderes daqui a trinta anos não serão as mesmas de hoje. Elas podem estar escondidas num fundo de garagem, neste momento, ou ainda nem foram concebidas.

Chegamos ao final do livro. Foi uma jornada e tanto. Começamos pela definição de *Small Caps*, depois seguimos para as estratégias, os diferenciais das *Small Caps*, os riscos, o roteiro de análise e, por fim, a análise da Metisa.

Ao longo do texto, procuramos definir e simplificar ao máximo os conceitos. Pelo fato de o tema ser mais avançado, este é um livro para um público mais familiarizado com o investimento em ações.

Porém, se alguma brecha permaneceu aberta neste sentido, não há problemas. Existem diversos artigos gratuitos no *site* da Suno Research que fornecem lições mais básicas sobre ações. Por exemplo, o que é uma ação, dividendos, diferença entre ON e PN, como comprar uma ação, entre outros aspectos elementares.

Para os mais ávidos, os dois primeiros livros impressos da Suno (*Guia Suno Dividendos* e *Guia Suno de Contabilidade para Investidores*) fornecem uma boa base para compreender o universo de investimento em renda variável, que engloba as *Small Caps*.

Também é evidente que não exaurimos os diversos temas abordados. *Valuation*, riscos, governança corporativa, legislação societária e Contabilidade possuem muitas ramificações. Uma biblioteca inteira pode ser feita apenas tratando desses assuntos.

Para se aprofundar neste sentido, há uma profusão de livros físicos, digitais, vídeos e artigos acadêmicos – principalmente em inglês. Por isso, dominar esse idioma é uma obrigação para investidores que desejam galgar gabaritos mais altos.

Small Caps guardam oportunidades e armadilhas. A diferença entre elas pode ser sutil e exige um olhar apurado e dedicação da parte do investidor.

Dentro desse universo de empresas, existem companhias préfalimentares, concordatárias e outras um tanto cambaleantes. No entanto, nesse mesmo pacote, também é possível encontrar algumas joias escondidas.

Encontrar essas preciosidades provavelmente lhe trará, no longo prazo, um retorno maior do que apenas comprar papéis mais conhecidos ou aquelas ações que estão na moda.

Investir em *Small Caps*, por definição, é fugir do consenso e daquelas teses de investimento que estão na boca do povo. É tarefa solitária e desafiadora.

Apesar do ditado que reza que "toda unanimidade é burra", isso nem sempre é verdade. Quando o resultado dos outros momentaneamente está melhor do que o seu, as forças para seguir a manada serão grandes.

Por isso, é preciso olhar para horizontes mais longos de investimento e ter uma noção muito boa de por que você está comprando ações que ninguém mais está observando.

Certa vez, ouvimos de um investidor experiente que o maior risco nesse mercado não é do mercado, mas do investidor. Nas suas palavras, não saber o que se está fazendo é o grande perigo.

Para *Small Caps*, isso é mortal. Se você realmente é um ignorante (no sentido de desconhecer as suas ações), o melhor seria que, de fato, você comprasse *Blue Chips*, montando um portfólio diversificado, ou mesmo delegasse a administração dos seus recursos a um gestor.

Via de regra, empresas maiores são mais difíceis de ir à lona. Mas, como disse Warren Buffett: as árvores não crescem aos céus. E você pode ter certeza de que a copa dessas empresas é bastante alta.

Existem aqueles que defendem a hipótese do mercado eficiente e de que não há forma de superar a média de retorno dos investidores. O desempenho das *Small Caps* é um contra-argumento muito difícil de rebater.

Além das evidências globais já mostradas neste livro, a nossa prática como investidores também corrobora essa tese.

Algo que não é mostrado, contudo, é que talvez as maiores perdas do mercado também ocorram com *Small Caps*. Mas isso é algo que os derrotados não gostam de promover por aí. Compreensível.

Se você ainda não é um investidor *Small Caps*, pense seriamente nesta possibilidade. Uma pequena parcela da sua carteira de ações pode fazer uma grande diferença lá na frente.

Porém, caso você não consiga acompanhar tantos papéis, não há problema. Siga uma casa de *research* que faça essa cobertura ou delegue a tarefa a um gestor especializado.

Provavelmente, as empresas líderes daqui a trinta anos não serão as mesmas de hoje. Elas podem estar escondidas num fundo de garagem, neste momento, ou ainda nem foram concebidas.

O exemplo é extremo, mas a ideia é poderosa. Buscar empresas menores e fora do radar, com bons modelos de negócios, pessoas competentes e ótimas perspectivas de crescimento, provou ser uma estratégia muito vencedora.

Bons investimentos!

POSFÁCIO

Os principais vieses das finanças comportamentais

Por Rodrigo Wainberg

Você alguma vez segurou um investimento perdedor por anos, pois esperava ao menos empatar? Se sim, você foi influenciado pelas finanças comportamentais.

Todo investidor em ações que entender um pouco de finanças comportamentais certamente se tornará mais racional, pois esse campo de pesquisa explica como o nosso comportamento e nossas emoções influenciam as nossas decisões relacionadas ao dinheiro.

As teorias tradicionais de finanças consideram como premissa a racionalidade completa dos investidores. Isto é, cada um de nós buscaria tomar as decisões de investimento que maximizassem a nossa riqueza.

Contudo, diversas evidências colocaram esse pressuposto em xeque. De fato, foi observado que o comportamento dos investidores muitas vezes era completamente irracional, sendo influenciado por vieses cognitivos e emocionais.

A seguir, alguns dos principais vieses neste sentido.

Comportamento de ancoragem

A ancoragem se refere à ideia de se fixar a um preço de referência (âncora), mesmo que tal valor não tenha nenhuma fundamentação lógica. Por exemplo, digamos que você comprou uma ação a R$ 50, pois o seu *Valuation* indicava que a ação deveria valer R$ 80.

Mas sua tese de investimento se provou errada. Depois de a empresa obter diversos prejuízos seguidos e o quadro parecer irreversível, a ação passou a custar R$ 25, após três anos.

Apesar de a melhor decisão agora ser vender a ação e partir para outra, muitos investidores insistem no conceito de "empate". Ou seja, permanecem com a ação até que ela "empate" com o investimento inicial de R$ 50.

Obviamente, isso tem grandes chances de nunca acontecer novamente. É como se achassem que a ação lhes "deve alguma coisa". Claramente é uma decisão irracional. Quem comprou ações da Eternit antes de 2014 e segurou em sua carteira está até hoje esperando empatar seu investimento.

Viés da confirmação

O viés da confirmação nos investimentos pode ser encontrado no processo de pesquisa e análise de investimentos.

Por exemplo, digamos que o investidor considere que ações de determinada empresa são um bom negócio. Nesse caso, é muito comum que esse investidor dê muito mais peso para as evidências que confirmem sua opinião e menos peso para os dados que contradizem sua tese.

Imagine uma companhia com as seguintes características:

- Altas métricas de rentabilidade.
- Forte geração de caixa.
- Histórico longo de resultados.
- Barreiras de entrada elevadas.

Por outro lado, os pontos negativos são:

- Dívida extremamente elevada.
- Perdas de contratos importantes.

O investidor que gostasse muito dessa companhia provavelmente não analisaria os pontos negativos com a mesma dedicação que teve com os pontos positivos.

Viés do retrovisor

O viés do retrovisor é a tendência de explicar eventos passados como se fossem completamente previsíveis antes de acontecerem. Ou seja, é a nossa tendência de criar conexões simplificadas de causa e efeito onde essas ligações são, de fato, muito difíceis de serem elaboradas.

Por exemplo, as bolhas de Internet e imobiliária, em 2000 e 2008, respectivamente. Após essas crises, várias explicações foram elaboradas para os motivos que as levaram a ocorrer.

Ora, se esses motivos fossem tão óbvios assim, a crise não teria ocorrido, em primeiro lugar.

Falácia do apostador

A falácia do apostador é a ideia errada de que as probabilidades de eventos independentes dependem de uma série de eventos passados.

No contexto de investimentos, essa falácia pode ser explicada pela tendência de alguns investidores de se desfazerem de posições muito cedo.

Veja o caso da Unipar. A ação subiu mais de 500% entre 2016 e 2018. Isso significa que você deva vendê-la? Não necessariamente. Se o valor intrínseco tiver aumentado mais do que isso e a ação foi comprada com desconto, ainda estaria barata.

O efeito do excesso de confiança nas suas finanças

Esse viés de finanças comportamentais é autoexplicativo.

Quando perguntaram para motoristas, bem como para gestores de fundos, se eles se achavam acima da média, a maioria absoluta respondeu que sim. Claro que isso não é verdade. Apenas 50% podem estar acima da média.

Nos investimentos, esse viés pode ser manifestado quando um investidor deseja se expor demais a uma ação específica, subestimando os riscos daquele ativo e a possibilidade de perda de capital.

Por mais atrativo que tal ativo pareça, sempre existe a possibilidade de tomarmos uma decisão errada. Logo, devemos limitar as posições e diversificar a carteira.

Infelizmente, diversos iniciantes, levados por dicas de amigos ou de pessoas de má fé, simplesmente arriscam todo o capital em uma única ação. Esse foi o caso de pessoas que perderam tudo com as ações da OGX.

Comportamento de manada

O comportamento de manada é a tendência de seguir o consenso. Por questões sociais e primitivas, temos a tendência de acreditar que a maioria costuma estar correta.

Por exemplo, fizeram um estudo comparando dois cafés: um com muita gente e outro sem ninguém. Quase todo mundo que chegava perto escolhia se sentar naquele que tinha muita gente.

O raciocínio era de que o café que tinha muita gente era melhor que o outro. É até possível que esse raciocínio faça sentido no mundo real, mas nos investimentos essa lógica pode estar completamente errada.

Existem diversos estudos que mostram que a ganância e o medo movem o mercado no curto prazo. Ou seja, a maioria ignora os fundamentos econômicos das empresas.

Vimos esse fenômeno com as criptomoedas, especialmente os *bitcoins*. O número de aplicadores nesses ativos aumentou radicalmente devido à expressiva valorização dessa moeda virtual no curto prazo.

A queda abrupta do preço de tais "ativos", após um período intenso de realizações de grandes especuladores, machucou muita gente.

Por isso, a melhor coisa a fazer é pensar e agir de forma independente da manada.

Conclusão

As finanças comportamentais explicam por que às vezes nos desviamos da racionalidade quando estamos lidando com investimentos. Somente entendendo esses vieses o investidor poderá corrigir seus erros de raciocínio e aumentar suas chances de sucesso no longo prazo.

Isso vale para ações de grandes empresas que pagam dividendos, para fundos imobiliários e, especialmente, para as *Small Caps*.

GLOSSÁRIO

Os principais termos e siglas adotados no vocabulário do mercado financeiro no Brasil

Ação ordinária (ON): ação que permite ao acionista participar das assembleias das empresas com capital aberto e votar nos temas propostos.

Ação preferencial (PN): ação sem direito a voto por parte do acionista, que, no entanto, tem a garantia de receber os dividendos estatutários ou outro benefício de acordo com a Lei das S/A ou com o estatuto da companhia.

Análise fundamentalista: forma de investir no mercado de ações que prioriza o retorno de longo prazo, proveniente dos lucros da atividade empresarial.

Análise gráfica: método para analisar o comportamento das ações no mercado tentando antecipar tendências por meio de movimentos identificados em gráficos que expressam a evolução das cotações.

Análise técnica: vide "Análise gráfica".

Ativos: todos os bens pertencentes a uma empresa, incluindo aplicações financeiras, imóveis, máquinas e equipamentos, veículos, participações em outras empresas e reservas de valor.

Balanço patrimonial: documento contábil que aponta tanto os bens como as dívidas de uma empresa, compreendidos como seus ativos e passivos.

BDR: sigla em inglês para *Brazilian Depositary Receipts*. São classes de valores mobiliários negociados no mercado brasileiro com lastros oriundos de ações estrangeiras. Investir em BDRs é uma forma de diversificar investimentos sem abrir contas em corretoras de outros países.

Blue-chips: expressão oriunda dos cassinos, onde as fichas azuis possuem maior valor. Nas Bolsas, equivalem às ações com maior volume de transações.

Bonificação: evento puramente contábil, no qual as empresas distribuem novas ações sem custo para os acionistas, conforme as quantidades de ações que eles já possuem. A cotação é ajustada na proporção inversa.

Capital: recurso financeiro expresso em moeda corrente. Empresas de capital aberto permitem que o público compre ações por meio do mercado de capitais. O capital de giro equivale ao dinheiro que a empresa coloca em movimento.

Circuit Breaker: mecanismo automatizado que interrompe os negócios nas Bolsas de Valores sempre que os índices de referência sobem ou descem abruptamente em níveis elevados (por exemplo, 10%).

Cotação: preço da ação determinado pelas forças do mercado.

Crash: situação de desvalorização geral e acentuada das ações, responsável pela quebra de vários agentes especuladores ou investidores.

Day Trade: operação especulativa de compra e venda de ativo listado na Bolsa, realizada na mesma data.

Debênture: título emitido por empresas para captar recursos no mercado de capitais, com prazos e créditos determinados, sem que seus detentores se configurem como sócios delas.

Desdobramento: vide "Bonificação".

Dívida Bruta/Patrimônio Líquido: indicador fundamentalista que expressa o grau de alavancagem (endividamento) de uma empresa.

Dividendo: parte dos lucros auferidos pelas empresas que será repartida com seus acionistas proporcionalmente à quantidade de ações que possuem.

Dividend Yield: indicador fundamentalista que representa em porcentagem a remuneração da ação dividida pela sua cotação, no prazo de 365 dias anteriores à cotação da ação. Por exemplo: no último ano a empresa distribuiu, entre dividendos e JCP, R$ 0,10 por ação. Se a ação está cotada em R$ 1,00, o *Dividend Yield* equivale a 10%.

DRE: sigla para Demonstração do Resultado do Exercício, documento que informa, em relação a determinado período, se uma companhia obteve lucro ou prejuízo.

EBITDA: sigla em inglês para *Earnings Before Interests, Taxes, Depreciation and Amortizations*, que, na sua tradução literal, significa Lucro Antes dos Juros, Impostos, Depreciação e Amortização. Tal indicador fundamentalista também pode ser chamado de LAJIDA.

ETF: sigla para *Exchange Traded Funds*, que em português soaria como FNB ou Fundos Negociados em Bolsa. Tais fundos relacionados aos índices, como o Ibovespa, são negociados como ações.

FIIs: sigla para Fundos de Investimento Imobiliário.

Fluxo de caixa: valor financeiro líquido de capital e seus equivalentes monetários que são transacionados – entrada e saída – por um negócio em um determinado período de tempo.

Futuro: tipo de negociação com prazos e condições pré-determinados, visando à garantia de preços mínimos e protegidos da volatilidade do mercado.

Hedge: operação financeira que busca a mitigação de riscos relacionados com as variações excessivas de preços dos ativos disponíveis no mercado.

JCP (JSCP): sigla para Juros Sobre Capital Próprio – uma forma alternativa aos dividendos para as empresas remunerarem seus acionistas, com retenção de impostos na fonte, reduzindo a carga tributária das empresas de forma legal.

Joint-venture: aliança entre empresas com vistas a empreendimentos ou projetos específicos de grande porte.

Liquidez corrente: indicador fundamentalista que expressa a relação entre o ativo circulante e o passivo circulante, demonstrando a capacidade da empresa de honrar compromissos no curto prazo.

Lote: no mercado financeiro brasileiro, o lote equivale a 100 ações como quantidade mínima ideal para compra e venda na Bolsa. Quando um lote é quebrado, as ações são negociadas no mercado fracionário, caso em que algumas corretoras de valores cobram taxas diferenciadas.

LPA: indicador fundamentalista que expressa o Lucro Por Ação.

Margem bruta: indicador fundamentalista que expressa o lucro bruto dividido pela receita líquida.

Margem líquida: indicador fundamentalista que expressa a relação entre o lucro líquido e a receita líquida.

Minoritários: investidores que adquirem ações em quantidades relativamente baixas, que impedem a sua participação na gestão das empresas.

Opção (OPC ou OTC): tipo de negociação que garante direito futuro de opção de compra ou de venda com preço pré-determinado.

Ordem: determinação de compra ou venda de ativo no mercado de capitais, que o aplicador comunica à sua corretora de valores para execução.

Papel: equivalente a ação (termo que fazia mais sentido quando as ações eram impressas e entregues ao portador).

Passivos: componentes contábeis das empresas, que representam seus compromissos, obrigações, dívidas e despesas circulares e não circulares, como salários de funcionários, empréstimos, tributos, dívidas com fornecedores.

P/Ativos: indicador fundamentalista que expressa a relação entre o Preço da ação e os Ativos totais por ação.

Patrimônio líquido: valor financeiro resultante da diferença entre os ativos e os passivos de uma empresa.

P/Capital de Giro: indicador fundamentalista que expressa a relação entre o Preço da ação e o Capital de Giro por ação, que por sua vez significa a diferença entre o ativo circulante e o passivo circulante da empresa.

PL (P/L): indicador fundamentalista para a relação entre Preço e Lucro, representando a cotação da ação no mercado dividida pelo seu lucro por ação.

Posição: situação do acionista em determinada empresa, fundo imobiliário ou ativo correlato. Quando um investidor zera a sua posição numa empresa ou num fundo imobiliário, por exemplo, significa que ele vendeu todas as suas ações ou cotas.

Pregão: período de negociações na Bolsa de Valores com negócios realizados eletronicamente. Antigamente, os pregões eram presenciais.

PSR: indicador fundamentalista cuja sigla em inglês indica *Price Sales Ratio* e equivale ao preço da ação dividido pela receita líquida por ação.

P/VP: indicador fundamentalista que expressa a relação entre o Preço da ação e o Valor Patrimonial da ação.

Realizar lucros: vender ações para converter as valorizações em capital disponível para outros fins.

Resistência: valor historicamente mais alto atingido pela cotação de determinada ação.

ROE: sigla em inglês para *Return On Equity*. Também é conhecido no Brasil como RPL, ou seja, Retorno sobre o Patrimônio Líquido. Essa métrica indica o quanto uma empresa é rentável, mostrando o lucro líquido dividido pelo seu patrimônio líquido.

ROIC: sigla em inglês para *Return On Invested Capital*, que em português significa Retorno Sobre o Capital Investido, ou seja, o capital próprio da empresa somado ao capital de terceiros.

SA (S/A): sigla para Sociedade Anônima, comum nas razões sociais das empresas de capital aberto.

Small Caps: empresas de porte menor se comparadas com as *Blue Chips*, com baixo volume diário de negociações e pouca liquidez no mercado.

Stop Loss: ordem de venda automatizada de uma ação, pré-determinada pelo aplicador junto à corretora de valores, para evitar perdas com quedas excessivas das cotações.

Stop Gain: ordem de venda automatizada de uma ação, pré-determinada pelo aplicador junto à corretora de valores, para realizar lucros.

Subscrição: situação que ocorre quando as empresas oferecem novas ações preferencialmente para seus acionistas. O mesmo se aplica aos fundos imobiliários em relação aos seus cotistas.

Swing Trade: operação especulativa de compra e venda de ativo listado na Bolsa, realizada em prazos curtos, que variam de três dias até algumas semanas.

Tag Along: mecanismo de proteção concedido aos acionistas minoritários por um empreendimento que possui suas ações negociadas na Bolsa de Valores, caso ocorra um processo de venda do controle para terceiros, por parte dos acionistas majoritários.

Termo: tipo de negócio realizado com pagamento a prazo.

Ticker: código pelo qual os ativos são negociados em Bolsas de Valores. Por exemplo, TIET3 é o código da ação ordinária da Geradora Tietê. TIET4 é o código da ação preferencial da mesma empresa e TIET11 é o código das suas *Units*. Já o BDR do Google usa o código GOOG35.

Underwrite: ato de subscrever ações ofertadas pelas empresas.

Units: ativos compostos por mais de uma classe de valores mobiliários, como, por exemplo, um conjunto de ações ordinárias e preferenciais.

Valuation: conjunto de ponderações técnicas e subjetivas para avaliar uma empresa ou um fundo imobiliário, visando encontrar o valor justo de suas ações ou cotas, bem como seu potencial de retorno para investidores.

VPA: indicador fundamentalista que expressa o Valor Patrimonial por Ação, ou seja: o valor do patrimônio líquido dividido pelo número total de ações.

Envie seus comentários construtivos via e-mail:

contato@sunoresearch.com.br

Leia também:

Guia Suno Dividendos

Guia Suno de Contabilidade para Investidores

Guia Suno Fundos Imobiliários

101 Perguntas e Respostas para Investidores Iniciantes

Projeto editorial da Suno Research
Projeto Guias Suno: Tiago Reis
Coordenação: Alexandre Costa e Silva
Editor: Fabio Humberg
Editor associado: Jean Tosetto
Colaboração: Caio Galassi Alexandre
Capa: Jean Tosetto (fotografia) & Mayana Nobre (diagramação)
Diagramação: Alejandro Uribe
Revisão: Humberto Grenes

Dados Internacionais de Catalogação na Publicação (CIP)
(Câmara Brasileira do Livro, SP, Brasil)

Reis, Tiago
    Guia Suno Small Caps : investindo em empresas
com os maiores potenciais da bolsa / Tiago Reis,
Rodrigo Wainberg. -- 1. ed. -- São Paulo : Editora CLA
Cultural, 2020.

    ISBN 978-65-87953-08-3

    1. Ações (Finanças) 2. Bolsa de valores 3. Bolsa de
valores - Investimentos 4. Economia 5. Negócios
I. Wainberg, Rodrigo. II. Título.

20-40854   CDD-332.642

Índices para catálogo sistemático:

1. Bolsa de valores : Negócios : Mercado de capitais
   : Economia financeira 332.642

(Maria Alice Ferreira - Bibliotecária - CRB-8/7964)

Editora CL-A Cultural Ltda.
Tel.: (11) 3766-9015 | Whatsapp: (11) 96922-1083
editoracla@editoracla.com.br | www.editoracla.com.br
linkedin.com/company/editora-cl-a/